AF186012

Freude leben – Freude geben

Mein Dank gilt

➢ meinen Eltern, die mir eine wunderbare Basis
für ein glückliches Leben geschaffen haben

➢ meinem Liebsten, der mich liebt, wie ich bin

➢ meinen Freunden, denen keine meiner Ideen zu
verrückt ist

➢ den vielen guten Geistern, die mich bei diesem
Projekt unterstützt haben

➢ allen Menschen, die mich inspirieren, berühren,
teilhaben lassen an ihrem Leben

Miriam Fuchs

JA! Leben DARF leicht sein!

© 2019 Miriam Fuchs, Osterwieck

Umschlag, Illustration: Anka Straberger (Schriftzug, Kapiteltrenner), unbekannter Künstler (Karikatur)

Weitere Mitwirkende: Fabian Keller, Harz-Informatik (Digitalisierung Karikatur Titelbild, Bildbearbeitung S. 138), Carsten Jelinski (guter Geist, Enthusiast, Rückenstärker);

Bildnachweis S. 138: © kalypso0 – stock.adobe.com

Verlag & Druck:
tredition GmbH, Halenreie 40-44, 22359 Hamburg

ISBN
Paperback   978-3-7482-8259-4
Hardcover   978-3-7482-8260-0
e-Book   978-3-7482-8261-7

Das Werk, einschließlich seiner Teile, ist urheberrechtlich geschützt. Jede Verwertung ist ohne Zustimmung des Verlages und der Autorin unzulässig. Dies gilt insbesondere für die elektronische oder sonstige Vervielfältigung, Übersetzung, Verbreitung und öffentliche Zugänglichmachung.

Inhalt

Zum Titelbild: Die Karikatur zeigt mich bei der 100-Jahr-Feier des Harzer Tourismusverbandes 2004 (danke für die Abdruckgenehmigung). Sie strahlt für mich aus, was ich in diesem Buch vermitteln möchte: Lebensfreude! Leider konnte ich den Künstler bisher nicht ausfindig machen, um ihn namentlich zu benennen.

1   Die Idee zum Buch

In jüngster Vergangenheit durfte ich selbst erleben, wie sehr Glück und Zufriedenheit in meinem Leben abhängig sind von meiner Lebenseinstellung. Wie sehr meine eigenen Gedanken, meine Emotionen und meine Ansichten Freud und Leid beeinflussen. Ich durfte erfahren, wie sich Dinge fügen und wie positiv sich das Leben entwickeln kann, wenn man es zulässt. Auch wurde mir bewusst, dass meine Zufriedenheit unabhängig ist vom Außen, von anderen Menschen. Und doch konnte mich die Außenwelt so sehr beeinflussen, dass ich meine positive Lebensart zeitweise vergessen hatte. Die Erlebnisse und Erkenntnisse führten dazu, dass ich meine freudige Sichtweise auf das Leben verstärkt nach außen trage. Meine offene Art wirkt auf viele Menschen motivierend, inspirierend und stärkend. Das hat mich angetrieben, dieses Buch zu schreiben. Ich möchte dich mit Freude und ganz ohne Zwang teilhaben lassen an meinen Gedanken, Erlebnissen und Erfahrungen. Mit dem Wunsch, dich zu begeistern, zu motivieren und dir einige Impulse zu geben, die dir das Leben leichter machen. Leicht bedeutet in diesem Fall nicht einfach. Denn du wirst im Buch erfahren, dass das eigene Glück, die Selbstverantwortung und die eigene Zufriedenheit durchaus auch Anstrengungen erfordern. Doch diese Anstrengungen sind absolut lohnenswert, das verspreche ich dir gern.

Zum besseren Verstehen meines Lebens haben viele wunderbare Autoren beigetragen, zu denen ich an einigen Stellen in diesem Buch Bezug nehme. Ihre Gedanken habe ich mit Fußnoten gekennzeichnet. Die entsprechenden Quellangaben weisen dir den Weg zu noch mehr Lesestoff. Eine Gesamtübersicht findest du auch unter den Literaturtipps.

Damit es auch für mich nicht zu einfach wird, habe ich mir für mein erstes Buch eine besondere Aufgabe gestellt: ein Buch ohne *müssen* und *sollen*. Was für eine Herausforderung! Mein erstes Buch und ich verzichte bewusst auf zwei Wörter aus unserem Sprachschatz, die zu den Top 10 der meistgenutzten Verben[1] gehören: *müssen* und *sollen*. Warum? Weil aus meiner Sicht diese beiden Wörter enormen Druck

---

[1] https://deutschegrammatik20.de/2013/01/09/die-haeufigsten-deutschen-verben/

aufbauen, ganz gleich ob von innen oder außen. Wenn wir Veränderungen wünschen ist aus meiner Erfahrung Druck ein wenig hilfreicher Trainingspartner. Druck erzeugt Gegendruck und meistens massive Gegenwehr bewusst oder unbewusst. Seit ich in meinem Leben *müssen* und *sollen* gegen *machen* und *wollen* nahezu ausgetauscht habe, hat sich vieles fast von alleine verändert. Diese Erfahrungen und Erlebnisse teile ich mit dir in diesem Buch.

Und weil ich Herausforderungen liebe, streiche ich gleich noch weitere Wörter aus meinem Wortschatz oder zumindest aus diesen Texten. *Nicht*, *aber* und *einfach*. Wie war das mit dem rosa Elefanten? Wenn jemand sagt "Denke *nicht* an den rosa Elefanten", dann laufen wir den ganzen Tag mit dem Bild dieses farbenfrohen Tieres im Kopf herum. Sagen wir zu Kindern „nicht fallenlassen" ist der Schaden fast schon vorprogrammiert, während „gut festhalten" die erfolgreichere Variante gewesen wäre. Daher ist für mich ein *nicht* im Sprachgebrauch ziemlich wertlos.

Kennst du auch die „ja, aber" Menschen? Sie relativieren stets deine oder ihre eigene Aussage mit diesem kleinen Wort. „Ich liebe dich, aber die Wäsche könntest du ordentlicher wegräumen". Fühlt sich für mich wenig liebevoll an. *Aber* höre ich sehr oft in Gesprächen. Auch wenn es vielleicht selten so gemeint ist, doch mir kommt es so vor, als würden wir mit *aber* stets zuvor getroffene Aussage relativieren und klein machen.

Und was ist mit *einfach*? Ich habe dieses Wort eine Zeit lang ständig genutzt. Einfach machen war mein Credo. Doch tatsächlich sind Veränderungen oft alles andere als *einfach*. Selbst wenn mir Dinge *einfach* erscheinen ist es für andere eine riesige Herausforderung. Dann klingt für mich das Wörtchen eher wie Hohn. Somit möchte ich auch darauf verzichten.

Und wozu das Ganze? Damit du hoffentlich mehr Leichtigkeit im Leben erfährst, mehr Lebensfreude, mehr Aufmerksamkeit für den Moment und ein reicheres (Er)leben. Tatsächlich bremsen wir uns sehr oft aus, indem wir die positiven, hilfreichen Dinge im Leben außer Acht lassen und uns stattdessen unter Druck setzen, scheinbar wichtige Ziele und Träume zu erreichen. Doch es geht auch mit Leichtigkeit und ohne sich selbst zu quälen oder zu kasteien. Darüber erzähle ich in diesem Buch.

Was hat mich dazu gebracht, dieses Buch zu schreiben? Ich bin weder Coach noch Psychologin. Doch ich habe so viel Freude in meinem Leben, so viel Leichtigkeit und wunderschöne Entwicklungen, dass ich diese Erfahrungen teilen möchte. Meinen Freundeskreis binde ich bereits aktiv ein. Und ich darf erleben, was meine Berichte bei einigen Menschen bewirken. So möchte ich auch dich teilhaben lassen, an einer Entwicklung, die zu einem erfüllten, faszinierenden, begeisternden und freudigen Leben führen kann.

> *„Ein Enthusiast sein ist das Liebenswürdigste, Edelste und Beste, was ein Sterblicher sein kann." Christoph M. Wieland (1733-1813), deutscher Dichter*

Auf eine weitere Besonderheit im Buch möchte ich eingehen: die Geschlechterfrage. Ich richte mich an alle Menschen ganz gleich welchen Geschlechts oder Neigung. Doch ein Hinweis meiner Hundetrainerin (siehe auch Kapitel 5) hat mich zum Nachdenken gebracht. Sie berichtete von der dramatischen Rettungsaktion einer Jugendfußballmannschaft, die im Sommer 2018 in Thailand 17 Tage lang in einer Höhle eingeschlossen war. Erst beim genaueren verfolgen der Berichterstattung wurde ihr klar, dass auch Taucherinnen und Retterinnen involviert waren. Die männliche Form im allgemeinen Sprachgebrauch suggerierte Männer als Helden. Wie würde wohl ihre junge Tochter das wahrnehmen? In diesem Buch möchte ich ausdrücklich betonen, dass glücklich sein und glücklich machen geschlechterunabhängig gelingt. Daher wechsle ich in den Kapiteln zwischen weiblicher und männlicher Schreibweise, du wirst sicher darüber stolpern.

P.S.: Ich duze dich hier in diesem Buch, weil viele meiner Geschichten eher etwas für Freunde als für Fremde sind. So habe ich eine persönlichere Bindung zu dir, auch wenn wir uns noch unbekannt sind. Ganz nach dem Motto „Fremde sind Freunde, die wir nur noch nicht kennen." (Lebensphilosophie von Rainer Guse, GEDANKENtanken-Akademie Hannover-Göttingen)

Die Steine des Lebens – Teil I

Im Garten des Lebens von Paula haben sich haufenweise Steine angesammelt. Kleine, große, unscheinbare, eindrucksvolle, schwere und leichte. Sie liegen verstreut, teils im Weg und erinnern sie an all das, was war. Jeder Stein steht für ein Ereignis, eine Begegnung, einen Moment, ein Erlebnis, eine Erfahrung. Tagtäglich kommen neue dazu. Sie füllen ihren Garten, verdecken die jungen Pflanzen, lassen an manchen Stellen dem Rasen keine Luft zum Wachsen. Oft betrachtet sie dieses steinerne Chaos und wundert sich über die unterschiedlichen Größen der Steine. Und über die Bedeutung, die jeder Einzelne für sie hat.

Da ist beispielsweise ein kleiner vorwitziger bunter Stein. Er erinnert sie an einen ihrer Kindergeburtstage vor vielen vielen Jahren, als sie mit ihren Freunden eine Spaghetti-Party machte. Alle bekamen alte Hemden von ihrem Papa übergezogen und es durfte ausgelassen gefeiert werden. Die Tomatensoße spritzte beim Aufsaugen der Spaghetti durch die Gegend. Sie hatten einen riesen Spaß!

Eher unscheinbar am Rande der Steinsammlung liegt ein Stein, den sie oftmals übersieht. Ab und an stolpert sie darüber und erinnert sich. Es ist der Stein der Freundschaft. Ihr fällt wieder ein, dass ein Wiedersehen mit ihrer Freundin längst überfällig ist. Doch im Moment ist keine Zeit dafür da. Es ist zu stressig, die Arbeit fordert Paula sehr. Doch sie wird sicherlich bald daran denken, ein Treffen auszumachen. Und im nächsten Moment ist der Stein wieder aus ihrem Blickfeld verschwunden.

Ganz präsent mitten im Chaos und direkt im Durchgang liegt ein großer dunkler Stein. Er wirkt fast bedrohlich. Dieser Stein widert Paula an. Er bereitet ihr Unbehagen, erinnert er sie doch an das große Scheitern in ihrem Leben. „Ich habe versagt", schallt es in ihr. „In nur einer Nacht habe ich sowohl meine Ehe als auch meine Karriere ruiniert. Dabei kann ich weder Alkohol noch sonstigem die Schuld geben. Ich war naiv, unglücklich, unverstanden und hoffnungslos blauäugig." Statt zu ahnen, dass die warmen Worte und die Wertschätzung nur ein Mittel zum Zweck waren, hatte sie sich voll eingelassen. Ein großer Fehler. Und das Ende einer Ehe und einer Karriere. Dieser hässliche Stein erinnert sie an den Scherbenhaufen, vor dem sie vor einigen Jahren stand. Es ist gut, dass er da ist als Mahnmal. Er wird verhindern, dass sie das Scheitern in dieser Form in ihrem Leben noch einmal zulassen würde.

Dann fällt ihr Blick auf einen abgerundeten, harmonisch wirkenden Stein. Er ist vielleicht Handflächen groß und liegt etwas verkantet zwischen anderen, verdeckt von dem Stein des Scheiterns. Ein Lächeln huscht über Paulas Gesicht. Oh ja, das war ein wundervoller Moment. Ein Augenblick der tiefen Liebe, Nähe und Geborgenheit mit einem wahrlich besonderen Menschen. Ein warmes Gefühl erhellt ihr Gemüt, sie setzt sich und nimmt den kleinen Stein in ihre Hände. Es entsteht ein Moment des Friedens. Das ist ein Stein, der ihr gut tut.

Und so stolpert sie tagtäglich durch ihren Garten Mit gemischten Gefühlen betrachtet sie die vielen Steine, die an Positives und Negatives in ihrem Leben erinnern. Sie ärgert sich, dass manche so groß sind, dass kaum ein Durchkommen ist. Gern würde sie ihren Garten anders gestalten. Bunte Blumen sollten eine Chance haben, zu wachsen. Doch bei den vielen Steinen, die hier liegen, ist diese Vorstellung eine Illusion. Letztendlich gehören all diese Steine zu ihrem Leben und es ist unmöglich, sie mal eben wegzuräumen. Es sind zu viele, zu große, zu schwere...

2   Mein Leben

Bevor ich meine Gedanken, Erlebnisse und Erfahrungen rund um das Glücklichsein mit dir teile, möchte ich mich dir gern etwas näher vorstellen. Für mich ist es wichtig, dass du einen Einblick in mein Leben erhältst, um die Veränderungen besser zu verstehen. Und um zu spüren, dass ich auch ein ganz normaler Mensch bin mit all ihren Höhen und Tiefen. In diesem Kapitel nehme ich dich mit auf eine kleine Zeitreise durch mein Leben. Viel Spaß dabei.

Ich würde sagen, mein Leben verlief und verläuft ganz normal. Es gab gefühlt keine großen Dramen, lediglich Veränderungen. Vielleicht haben mich Veränderungen auch nur weniger beschäftigt, da ich schon immer recht optimistisch und positiv war. Letztendlich liegt es ja oft an uns selbst, wie leidvoll eine Erfahrung für uns ist. Glücklicherweise sind meine Eltern mit über 70 noch fidel und auch meine Brüder und ihre Familien sind gesund. Von daher waren die Tiefen in meinem Leben für mich gefühlt seicht, auch wenn es durchaus sehr tränenreiche und schmerzhafte Momente gab. Der Weg in einen positiven, lebensbejahenden Lebensmodus steht jedoch jeder offen, auch ohne vorher die tiefsten Schattenseiten des Lebens durchschritten zu haben. Doch dazu gehe ich in Kapitel 8 näher ein.

Geboren 1974 als Zwillingskind, bin ich mit meinen beiden Brüdern (7 Minuten und 2 Jahre älter) aufgewachsen. Wir hatten und haben mit unseren Eltern großes Glück. Sie waren und sind immer für uns da. Sie haben uns viel Selbstliebe und Selbstwert mitgegeben, wir wurden in unserem Tun immer bestätigt und selbst für die eigenartigsten gemalten Bilder überschwänglich gelobt. Unsere Eltern haben uns alles Notwendige ermöglicht und vor allem hatten sie Zeit für uns. Selbst im größten Stress! Sie waren selbständig, betrieben das Restaurant Kutscherstube in Wildemann und zu dieser Zeit waren wir Kinder sicherlich eine doppelte Herausforderung. Wenn wir Zwerge mit einem Anliegen abends zur Hochzeit verschlafen ins Restaurant taperten, dann ließen unsere Eltern ihre Gäste kurz warten. Gemein waren unsere Klingelstreiche, wenn wir vom Treppenabsatz beobachteten, wie Mutti oder Papi im größten Küchenstress zur Haustür rannten, weil es ja offensichtlich geklingelt hatte. Spannend war die Zeit unserer Kindheit. Jeden Abend haben wir vor dem zu Bett gehen in den Kühlschrank geschaut. Lagen dort verpackte Brötchen drin wussten wir, heute Nacht geht es los. Dann haben uns die Eltern nach Feierabend ins Auto gesetzt und sind mit uns mitten in der Nacht nach Kiel gefahren, Muttis Heimat. Wir verbrachten einen tollen Tag am Strand und es ging am nächsten Morgen zügig zurück, denn abends wollte das Restaurant ja wieder geöffnet sein. Eine Anstrengung, die sie für uns auf sich genommen haben. Wir Kinder konnten das damals kaum einschätzen. Es war für uns immer wieder ein Abenteuer, wenn es losging. Den Einsatz, den meine Eltern für uns und für das Familienleben brachten, weiß ich heute ganz besonders zu schätzen. Insbesondere weil ich häufig höre, dass es in heutigen Familien oft wenig Zeit für einander gibt. Gemeinsame Zeit sollte aus meiner Sicht immer einen wesentlichen Platz einnehmen. Sie gibt jedem Einzelnen so viel. Gemeinschaftliche Momente und Erlebnisse sind es, die uns in Erinnerung bleiben.

Natürlich gab es auch bei uns andere Zeiten als „Friede, Freude, Sonnenschein". Drei pubertierende Teenies sind auch für die liebevollsten Eltern eine Herausforderung. Streit und Reibereien gab es immer mal, einige unserer Aktionen stießen auf Unverständnis und Missbilligung. Doch sie haben immer zu uns gehalten, egal was kam. Und das tun sie bis heute. Sie haben immer dafür gesorgt, dass die Familie zusammenhält. Meinen Eltern bin ich unendlich dankbar für das, was sie mir und uns mit auf den Weg gegeben haben. Es gibt wohl kaum eine bessere Basis für ein glückliches, zufriedenes Leben.

„In einer friedlichen Familie kommt das Glück von selber." Aus China

Mein Berufsleben war viele Jahre sehr geradlinig. In meinem Ausbildungsbetrieb bin ich 17 Jahre lang geblieben. Es war eine für mich sehr gute, sehr lehrreiche Zeit. Ich konnte meinen Aufgabenbereich recht frei gestalten und vor allem die Pressearbeit war mein Steckenpferd. Schreiben, Interviews geben, Ideen entwickeln. Doch das Leben ist Veränderung. So gab es auch in meinem Job einige Entwicklungen, die dazu führten, dass ich mich aufgerieben habe.

Meine fehlende Fähigkeit, mich abzugrenzen und mich selbst zu schützen, machte mich mürbe. Meine geliebte Arbeit, wo ich mich immer so wohlfühlte, wurde zu einer großen Belastung. So habe ich 2011 im Sommer meinen Job gekündigt als Selbstschutz für mich, denn ein Burnout war sehr nahe. Erst rückblickend habe ich wahrgenommen, wie nahe ich dem Zusammenbruch war. Und wie sehr mich diese Situation auch im Privatleben belastet hatte. Wie sehr der dauerhafte Stress meine positive, lebensfrohe Seite überschattet hat. Letztendlich entpuppte sich diese schwierige Entscheidung als eine der besten in meinem Leben.

Mit Rückendeckung durch meine Freunde gründete ich mein Unternehmen Fuchs PR und stieg ein in das Abenteuer der Selbständigkeit. Faszinierend, wie sich das Leben entwickelte. Meine Vorstellung, eine PR Agentur für den Harz zu sein, hat sich schnell in Luft aufgelöst. Stattdessen gab und gibt es viele Unternehmen in unterschiedlichsten Branchen, die meine Unterstützung benötigen. So lerne ich tagtäglich ganz viel Neues und werde dafür auch noch bezahlt. Mein Spruch „Wenn mir jemand einen Bagger erklärt, dann kann ich darüber auch schreiben" hat mir auch schon Aufträge eingebracht. Jahrelang als Arbeitnehmer unterwegs, war es doch eine Herausforderung, sich in der Selbständigkeit zurechtzufinden. Vor allem die aus meiner Sicht deutlich verbesserungsfähigen steuerlichen Rahmenbedingungen für Einzelunternehmer haben mich so einige Jahre geärgert. Bis mich letztendlich das Vergnügen der Selbständigkeit dazu bewegt hat, die jährliche Einkommen- und Gewerbesteuerzahlungen für mich gedanklich als Vergnügungssteuer zu bezeichnen. So sind die Jahresabschlüsse weniger schmerzhaft, es fühlt sich viel besser an und meine Steuerberaterin bringe ich damit zum Lachen. Jeder, die ihre Leidenschaft zum Beruf machen möchte, kann ich den Schritt in die Selbständigkeit nur empfehlen. Ich freue mich unheimlich, dass ich es gewagt habe und bin ganz gespannt, wie es weiter geht. Denn mit meiner persönlichen Entwicklung gehen auch automatisch Veränderungen im Unternehmen einher. Ein wichtiger Bereich ist dabei die Definition meiner Werte rund um die Arbeit. Sorgfalt und Verlässlichkeit, Fairness und Unbestechlichkeit, Fröhlichkeit

(Freude, Leidenschaft, Leichtigkeit), Kreativität und Inspiration, Herausforderung, Wertschätzung und Dankbarkeit sowie Flexibilität sind es, die ich für mich als meine Werte rund um die Arbeit definiert habe. Einige sind leicht einzuhalten und sind quasi gegeben durch das, was ich tue. Andere fordern Rückgrat und Stehvermögen. Gern möchte ich die Stärke aufbringen, um meinen Werten gerecht zu werden, sie zu leben und sie als eine meiner Lebensaufgaben zu sehen. Selbständigkeit bedeutet für mich Freiheit. Denn ich bin niemandem außer mir selbst Rechenschaft schuldig. Ich kann so arbeiten, wie es für mich sinnvoll ist und meine Kundinnen glücklich machen. Wobei ‚glücklich machen' grundsätzlich unmöglich ist. Doch da gehe ich später im Buch noch näher drauf ein.

Und doch ist ‚glücklich machen' ein tolles Stichwort und bringt mich zum Thema Partnerschaft. Mein Liebesleben war durchaus von Veränderungen geprägt. Das Glück war sehr wechselhaft und von unterschiedlicher Dauer. Es gab eine kurze Ehe, verschiedene Partnerschaften und letztendlich eine lange Beziehung über 10 Jahre. „Miri und ihre Männer" war mal ein Gedanke für ein Buch – vielleicht kommt das ja noch... In jedem Fall meine ich mittlerweile ein Muster in den Beziehungen zu erkennen. Sie liefen immer eine Zeit lang harmonisch und positiv, dann veränderte sich etwas oder veränderte ich mich? Wer weiß das schon. Auf jeden Fall wurde die Harmonie gestört. Meine Aktivitäten waren auf einmal zu viel, der Hausputz wurde moniert, meine Liebe in Frage gestellt. All die Lebendigkeit, die anfangs vielleicht den Reiz ausmachte mit mir zusammen zu sein, war auf einmal weniger attraktiv. Nun bin ich jemand, die sich ganz auf jemanden einlässt. Gerade in der Anfangszeit gebe ich sehr viel Liebe in die Partnerschaft. Vielleicht habe ich da in der Vergangenheit zu oft mein wahres Ich, meine mir wichtigen Dinge im Leben hinten angestellt. Wenn dann die persönlichen Bedürfnisse wieder stärker in den Fokus rücken, kann das sicher auch zur Disharmonie beitragen. Wie auch immer... In Beziehungsfragen brauche ich lange, um Entscheidungen zu fällen. Wenn sie dann stehen, sind sie allerdings unumstößlich. So war es auch im Sommer 2017, als meine bisher längste Beziehung beendet wurde und ich mit Haus, Hund, Pferd und

Selbständigkeit durchaus vor einer beunruhigenden Herausforderung stand. Doch die Unruhe hielt nur kurze Zeit. Sie wandelte sich hingegen in die Neuentdeckung meiner Welt. Ich wurde zurück katapultiert in meinen positiven Lebensmodus. Diese rasante Entwicklung ist wohl der Hauptgrund, wieso dieses Buch gerade jetzt entsteht.

> *„Man sieht nur mit dem Herzen gut. Das Wesentliche ist unsichtbar für die Augen." Antoine de Saint-Exupéry (1900-1944), französischer Schriftsteller*

In diesem besagten Sommer war ich bei einem Seminar „Gesunder Umgang mit Stress" bei Achtsamkeitscoach Carsten Thies (siehe auch Kapitel 5), der mittlerweile seinen Lebensmittelpunkt nach Schleswig-Holstein verlegt hat. Aus den vielen Buchempfehlungen an diesem Tag wählte ich zwei Bücher: „So bin ich eben" von Stefanie Stahl und aufgrund des Titels „Seelengevögelt" von Veit Lindau. Das Buch von Stefanie Stahl ist genial und erklärt sehr anschaulich, wieso Menschen so sind wie sie sind und wie wertvoll die feinen Unterschiede sein können. Veit Lindau war mir erst einmal zu rebellisch. „Folge deinem Ruf"[2]. Ich war doch zufrieden in meinem Leben, warum also bitte einem Ruf folgen? Dann kam ein Tag im Oktober, an dem all diese wundersamen Veränderungen losgingen, von denen ich im Folgenden berichte. Ich hatte mich mit dem Coach zum Kaffee getroffen, 3,5 Stunden Gespräche über alles. Es war genial. Wir sprachen auch über das Buch von Veit Lindau. Abends nahm ich es wieder in die Hand und fand tatsächlich meine Seiten. Es packte mich vollends. Die folgenden Wochen war ich wie in einem Rauschzustand. Ich las innerhalb kürzester Zeit viele Bücher und erkannte auf einmal wieder, was Leben bedeutet! Wie schön und zufriedenstellend es ist, mit Dankbarkeit einzuschlafen und mit Freude dem Tag zu begegnen. Wie erfüllend es ist, Menschen und Lebewesen ohne Vorbehalte und negative Gedanken entgegenzutreten, ohne zu (ver)urteilen oder zu bewerten. Wie reich man sich fühlt, wenn Liebe und Selbstliebe das Denken und Handeln bestimmen. Es war ein Gefühl des Dauer-Verliebtseins in mich, in mein Leben, in das Leben an

---

[2] vgl. Veit Lindau, 2016. *Seelengevögelt*. S. 80ff, Goldmann Verlag

sich. Ein Zustand, der bei einigen Freundinnen auch heute immer mal wieder Kopfschütteln verursacht. Doch es ist ein wunderbares Gefühl und für mich der wahre Sinn des Lebens. Begeistert der Welt zu begegnen und sich über die kleinen Wunder am Wegesrand zu freuen machen jeden einzelnen Tag zu dem, was er ist: einzigartig.

Ich könnte ins Schwelgen geraten doch ich kürze lieber ab. Durch die vielen Impulse aus Büchern[3] und Gesprächen wurde mir so viel bewusst, ich erkannte viele wesentliche Punkte, die mein Leben positiv oder negativ beeinflussen und lernte mich viel besser kennen. Mein Optimismus, den ich immer als Erbe meiner Eltern verstanden habe, ist tatsächlich der Sinn meines Lebens. Meinen Eltern bin ich unendlich dankbar für die Liebe, die sie uns Kindern gegeben haben und für das Selbstwertgefühl, was wir durch sie in uns tragen. Das ist definitiv der Grund, warum meine Entwicklung so schnell verlief, während andere Jahre lang nach ihrem Weg suchen und ihn vielleicht nie finden. Mir war es nun endlich wieder

---

[3] Buchempfehlungen findest du am Ende des Buches in den Literaturtipps.

möglich, uneingeschränkt erst einmal das Positive im Menschen und im Leben zu sehen. Erst zu diesem Zeitpunkt wurde mir bewusst, wie überschattet doch wiedermal meine positive Seite war. Wie sehr mich die negativen Strömungen im Umfeld gefangen hielten. Und ich spürte den unendlichen Drang, mein Herz endlich zu öffnen und die Liebe raus zu lassen, sie zu verschenken, ohne Gegenleistungen zu erwarten. Großzügig und bedingungslos, denn genau dafür bin ich gemacht. Von den Tieren habe ich gelernt, was es heißt, bedingungslos zu lieben. Genau das möchte ich auch in mein Leben integrieren: Die bedingungslose Liebe mir, meinen Mitmenschen und der Welt gegenüber. Um die Welt ein klein wenig liebevoller zu machen.

Doch was bedeutet für mich die bedingungslose Liebe? Das möchte ich hier kurz beschreiben. Das Wichtigste für mich ist es, Menschen und Lebewesen vorbehaltlos, urteilsfrei und wertfrei entgegen zu treten. Zu oft haben wir schon beim ersten Blick auf eine Person eine Meinung. Oft gehen uns dadurch Chancen verloren, wundervolle Menschen kennenzulernen. Und selbst wenn meine Gesprächspartnerin mal offensichtlich eine ganz andere Wahrnehmung hat, so möchte ich auch diese zulassen. Ihre Erfahrungen, die ihre Wahrnehmung einer Situation beeinflussen, sind mir unbekannt. Ohne zu wissen, was sie erlebt hat oder was ihr widerfahren ist, wäre jedes Urteil unfair und ungerecht. Ein solches Gespräch bietet mir die Chance, Erfahrungen mitzuerleben, die ich nie gemacht habe und die auch oft alles andere als wünschenswert sind. Belüge ich mich oder mein Gegenüber, wenn ich seinen Standpunkt akzeptiere obwohl ich anderer Meinung bin? Aus meiner Sicht nein. Denn es gibt so viele unterschiedliche Sichtweisen, die alle auf ihre Art wahr sein können. Wer bestimmt das schon? Doch dazu gehe ich näher ein in Kapitel 6, hier geht es ja gerade um bedingungslose Liebe. Bedingungslos bedeutet für mich auch, dass ich keine Gegenleistung erwarte. Natürlich möchte auch ich geliebt werden. Doch wenn ich Liebe, Nähe oder Zuneigung gebe, dann ist dies ein Geschenk und keine Forderung, es mir gleich zu tun. Ich möchte mit einem offenen Herzen leben und den Menschen geben, was ich kann. Es fühlt sich für mich gut und richtig an, somit ist eine Gegenleistung unwichtig. Ich möchte so sein. Es ist meine Wahl. So ist es mir auch möglich, Menschen in meinem Herzen zu behalten, die vielleicht einen anderen Weg gewählt haben. Für mich eine wunderbare Möglichkeit, ohne Groll zu leben.

Doch zurück zum Bericht aus meinem Leben. Spannend und gleichzeitig bewegend war eine Erkenntnis in der Zeit der rapiden Veränderungen der letzten Monate, als ich mich mit den Werten in meinem Leben beschäftigte. Ich begann konkret zu definieren, welche Werte für mich wichtig sind. Ganz gleich für welchen Lebensbereich, ob für Arbeit, Privatleben oder Liebe, vieles wiederholte sich. Lebendigkeit, Freude, Offenheit, Ehrlichkeit und Dankbarkeit sind mir immer wichtig. Als ich meine Werte bezgl. Liebe notierte, kam mir alles so bekannt vor. Dann fand ich sie wieder, meine „10 Gebote für ein glückliches Zusammenleben mit Miri", die ich rund 11 Jahre (!) zuvor nach dem Scheitern meiner kurzen Ehe zu Papier brachte. Sie passen noch heute, doch hatte ich in den vergangenen Jahren vergessen, diese einzufordern. Ich war baff und berührt.

Ein Umstand, der mir nie wieder passieren wird. Mein neues Leben ist keine Illusion. Es ist lebendig und bereichernd, es macht jeden Moment und jeden Tag zu etwas Besonderem. Das wir atmen und gesund sind ist alles andere als selbstverständlich. Und wie lange wir auf dieser Welt sind, kann auch niemand sagen. Daher ist mein Wunsch, in meinem Leben so viel Glück und Freude zu platzieren, wie nur irgend möglich. „Glücklich sein und glücklich machen" ist mein Sinn des Lebens (siehe auch Kapitel 3, in dem ich meine Intention dahinter genauer erkläre). Dass das geht und dass es sich super anfühlt, habe ich in den vergangenen Monaten erfahren dürfen und erlebe es weiterhin jeden Tag. Wie das geht ist für jede eine ganz persönliche und individuelle Erfahrung. Jede hat ihren persönlichen Weg und ihre Vorstellung vom Glück. Wichtig ist: Das Glück ist unabhängig von anderen Menschen. Auch das wurde mir noch einmal viel bewusster. Motiviert durch die Selbstliebe und einer positiven Einstellung zu allem um uns herum lässt es sich wunderbar glücklich leben.

Nach Regen kommt die Sonne – wie bei diesem
Spaziergang. Mein T-Shirt trocknet langsam.

Klingt zu positiv? Keine Illusion! Auch bei mir gibt es Tage, die zum Kotzen sind. Tatsächlich ist ein selbstverantwortliches, positives Leben durchaus anstrengend. Sich in die Opferrolle zurückzuziehen und den Kopf unter der Bettdecke zu verstecken ist durchaus öfters mal verlockend. Auch bei mir gibt es Zeiten, in denen ich mich an meine eigenen Worte erinnern darf. Tatsächlich werde auch ich dafür wohl immer mal wieder dieses Buch zur Hand nehmen. Gerade kürzlich durfte ich erfahren, dass es natürlich auch äußere Faktoren gibt, die einem das Leben schwer machen. Bei mir war es eine Nebenwirkung der Pille. Als häufig wird dort angegeben „veränderte Stimmungslage, depressive Verstimmung". Die ersten Wochen waren echt zum Kotzen – sorry für diesen verbalen Ausbruch. Doch es war wirklich anstrengend. Traurigkeit, Ängste, Schwere – alles noch auf einem relativ niedrigen Niveau doch für mich war es nur nervig. Ich wollte doch anders sein, fröhlich, leicht, unbeschwert. Stattdessen war ich gereizt und fand mich ätzend. Glücklicherweise legte sich das nach einigen Wochen und außerdem kannte ich ja die Ursache. Als ich mich mal am Telefon ausgekotzt hatte sagte eine Freundin zu mir: „Ich freue mich, wenn Du Dich auch mal auskotzt. Es sagt mir nur, dass Du auch ein Mensch bist.". Da habe ich laut gelacht und es war klar, dass dieser ganz wichtige Hinweis in diesem Buch aufgenommen wird. Ja, klar. Ich bin auch ein Mensch wie du und ich mit allen Höhen und Tiefen. Es ist ok, auch mal schlecht drauf zu sein. Es darf auch mal trübe Tage geben und notfalls bleibt man halt mal im Bett (ok, ich ziehe dann lieber einen Spaziergang vor). Miese Momente sind ausdrücklich erlaubt. Glücklicherweise halten diese Phasen bei mir nur kurz an.

Bei all der positiven Energie der vergangenen Monate, der Euphorie und meiner Entwicklung wurde jedoch ein Wunsch in mir immer lauter: Mir fehlten noch 2% zum vollständigen Glück. Ich wünschte mir einen Partner, mit dem ich meine Freude und Begeisterung für das Leben teilen könnte, mit dem ich auf Entdeckungsreise gehen würde und das Leben kosten darf. Ich hatte mittlerweile viel über Manifestation, über die Frequenzen des Universums und über das Gesetz der Anziehung gelesen und gehört (Erklärungen dazu findest du an verschiedenen Stellen im Buch und im Glossar). Das hat mich ziemlich geprägt. Und auch das Wissen, dass jegliches positives Denken niemals Zeitverschwendung ist – schließlich macht es uns den Moment leichter und schöner – hat mich darin bestärkt, es mal mit dem Wunsch ans Universum zu versuchen. Ich habe mir vorgestellt, dass ich diesen besonderen Menschen schon gefunden habe, dass er bereits da ist. Ich war dankbar für die bevorstehenden gemeinsamen Momente, habe mit ihm während der Autofahrt ausführliche Gespräche geführt, als hätten wir uns schon gefunden. Ich habe viel mit ihm gelacht. Ok, ab und an fühlte es sich schon etwas verrückt an. Doch ich wusste, er ist da draußen irgendwo und wir würden uns eines Tages finden. Genauso kam es. Naja, nahezu genauso. Denn ich hätte nie geahnt, dass dieser Mensch ganz in meiner Nähe ist und wir uns eher „Old School" finden sollten. Unerwartet, unverhofft, fast verkannt haben zwei Seelen den Weg zueinander gefunden und ihre Ängste überwunden, sich für einander zu öffnen. Im ersten Moment war kaum zu ahnen, wie sehr wir zueinander passen. Nun darf ich mein Motto „Freude leben und Freude geben" noch intensiver leben und täglich auskosten. Eine Erfahrung, für die ich unendlich dankbar bin und die ich jedem meiner Mitmenschen wünsche. Daher: nur Mut! Glaub an die Dinge, die du dir wünschst! Bleib dran und gib der Entwicklung Zeit. Wer weiß, was dann auf dich wartet.

Warum ich diese Erfahrung erst heute machen darf? Mit 44 Jahren? Auch dafür habe ich meine Antwort gefunden. Ich brauchte die Zeit, vor allem die vergangenen Monate, um mich selbst zu finden.

Um meine Werte im Leben zu definieren und zu festigen, um die Dinge zu erkennen, die ich für mein Glück und meine Zufriedenheit brauche. Ich brauchte die Erfahrungen der vergangenen Jahre, der verflossenen Beziehungen, um heute meinen Traum des Lebens leben zu können. Für mich bedeutet das, jeden Tag mit Liebe, Dankbarkeit und Freude zu füllen. Es bedeutet für mich, unschöne Sichtweisen und negative Sprache möglichst aus meinem Leben zu verbannen. Dabei allerdings weder unrealistisch noch untätig zu werden. Ich bin überzeugt, dass ich ganz viel Liebe und Freude in mir trage, die ich verschenken kann. Damit kann ich einen kleinen Teil zu einer besseren Welt beitragen. Meinen Kieselstein der Freude werfe ich gern in das Meer der Menschheit, damit er Wellen schlägt und sich verbreitet. Damit ich das auch im stressigen Alltag, in einer Beziehung und trotz möglichem Gegenwind kann, dafür war die vergangene lehrreiche Zeit notwendig. Damit ich mich immer wieder daran erinnere, dass positives Sein möglich ist und dass das Leben leicht sein darf bzw. leicht genommen werden darf. Nun werde ich mich immer wieder anspornen, mein Leben und das anderer zu bereichern und meinen ganz persönlichen Weg zu gehen. Was bisher war, war gut. Und jetzt liegt eine spannende Lebenszeit vor mir, auf die ich mich riesig freue und für deren Einsichten und Erlebnisse ich heute schon dankbar bin.

Meinen Weg beschreibe ich in diesem Buch. Vielleicht ist er Inspiration und Motivation für dich zu einem leichteren, glücklicheren Leben.

„Nichts in der Welt wirkt so ansteckend wie lachen und gute Laune." Charles Dickens (1812-1870), englischer Schriftsteller

3   Museumstag – Zeit zum Umdenken

Eines der Bücher, das die wesentlichsten Erkenntnisse und Veränderungen in mir ausgelöst hat, ist „The Big Five for Life: Was wirklich zählt im Leben"[4] von John Strelecky, ein wertvolles Geschenk von Coach Carsten. Es ist meine Leseempfehlung für jeden und mittlerweile auch eines meiner Lieblingsgeschenke. Es ist die Vision einer wunderbaren (Unternehmer-)Welt.

Strelecky schreibt über einen amerikanischen Unternehmer, der seine Unternehmensgruppe nach ganz besonderen Maßstäben führt. Er beschreibt den Zweck der Existenz (ZdE)[4] und die Big Five for Life (BFfL)[4], die fünf Dinge, die uns im Leben wichtig sind bzw. die wir unbedingt einmal machen wollen. Der Protagonist im Buch geht davon aus, dass Menschen, die ihren Zweck der Existenz (ZdE)[4] und ihre Big Five for Life (BFfL)[4] kennen und danach leben,

---

[4] vgl. John Strelecky, 2017. *The Big five for life.* S. 76ff , dtv Verlagsgesellschaft

glücklichere und zufriedenere Menschen auf allen Ebenen sind. Stimmt der individuelle ZdE[4] eines Mitarbeiters mit dem des Unternehmens überein, so wären dies nach Strelecky die besten und engagiertesten Mitarbeiter überhaupt. Dass diese Vision keine reine Fiktion ist, beweisen die zahlreichen Seminare und Veranstaltungen, die Strelecky und seine Freunde[5] weltweit anbieten. Die Suche nach dem Sinn in unserem Leben ist präsenter denn je. Mit der relativ eindeutigen Formel Streleckys lässt sich die eigene Zeit auf Erden sehr erfüllt gestalten.

Mir war beim Lesen sehr schnell klar, was meine Aufgabe in diesem Leben ist.

Mein Zweck der Existenz[4]:

„Glücklich sein und glücklich machen."

Wobei ich dieses Lebensmotto mittlerweile schon verändert habe. Unter anderem wurde bei einer Veranstaltung meine Aussage zu Recht hinterfragt. Es ging darum, dass geben doch wichtiger sei als neh-

---

[4] vgl. John Strelecky, 2017. *The Big five for life*. S. 76ff, dtv Verlagsgesellschaft
[5] siehe auch https://jsandfriends.com/

men und somit mein „glücklich sein" an erster Stelle durchaus widersprüchlich ankam. Es war für mich ein Anlass, dieses Lebensmotto noch einmal zu hinterfragen. Tatsächlich glaube ich, dass es wichtig ist, Glück selbst erfahren zu haben ehe dieses weitergegeben und geteilt werden kann. Daher steht in meinem Motto das „glücklich sein" vorne an. Eine weitere Frage zielte darauf ab, dass Glück durchaus auch gegeben werden kann, wenn man selbst gerade unglücklich ist. Ja, auch das geht aus meiner Sicht, wenn ich selbst bereits weiß, was Glück bedeutet und wie es sich anfühlt. Oft bin ich Menschen begegnet, die anderen helfen wollen, glücklicher zu werden, die jedoch bisher nach meiner Definition und meinem Empfinden nur wenig Glück selbst erfahren durften. Da wird es meines Erachtens schwierig, sinnvoll zu vermitteln. Im Rahmen dieses Gedankenspiels habe ich für mich gleich einen weiteren Widerspruch entlarvt. Mein Motto ist missverständlich. Denn es ist unmöglich, jemand anderes glücklich zu machen. Glück kommt immer von innen heraus, es kann von niemandem Außenstehenden „gemacht" werden. Das kann jeder nur für sich selbst erarbeiten, auch wenn wir natürlich Glücksgefühle auslösen und das Glück bestärken können. Wer jedoch Menschen oder Bestätigung von außen braucht, um glücklich zu sein, der wird einige Enttäuschungen erleben. Wer hingegen von innen heraus strahlt und es schafft, sein Glück unabhängig von den äußeren Umständen zu etablieren, der wird wahrlich glücklich sein und ein freudvolles Leben leben können. Dennoch will ein Lebensmotto ja auf wenige Worte reduziert werden. Daher fühlt sich meine Aussage nach wie vor gut an, auch wenn sie ab und an erklärungsbedürftig sein wird. Mit „glücklich machen" meine ich, Impulse für eine freudvollere Sichtweise auf das Leben zu geben oder Begeisterung für mehr Leichtigkeit zu wecken. Ich mache niemanden aktiv glücklich, das ist unmöglich. Doch mir wurde bereits mehrfach bestätigt, dass offensichtlich meine Art, bedingungslos und erwartungsfrei zu lieben und die Menschen so anzunehmen, wie sie sind, sehr berührt. Scheinbar sind es die unterschwelligen, unbewussten Impulse, die den Menschen hilft, in sich ein Glücksgefühl entstehen zu lassen oder das eigene Glück zu erkennen. „Glücklich sein und glücklich machen" ist für mich daher als mein Lebensmotto durchaus stimmig und wertvoll. Eben mit der oben stehenden Erklärung als Hintergrund. Doch es ist immer wieder inspirierend und bereichernd, seine eigenen Gedanken und Worte zu hinterfragen, zu prüfen, ob sie sich weiterhin für mich klar und gut anfühlen. Auch in Zukunft werde ich mich weiter entwickeln und das ist auch gut so. Daher habe ich bereits vorne im Buch mein neues, passenderes Lebensmotto „Freude leben - Freude geben" platziert. Ebenfalls eine Aufgabe, die meinem Leben Sinn gibt.

Auch meine Big Five for Life[6] konnte ich recht schnell herausfinden. Das Schönste ist, dass ich die für mich wichtigsten Dinge in meinem Leben wirklich tagtäglich platzieren kann. Mit diesem Bewusstsein sind meine Tage noch reicher und wertvoller geworden.

---

[6] vgl. John Strelecky, 2017. *The Big five for life.* dtv Verlagsgesellschaft

Meine Big Five for Life[8]:

L   Lebensfreude

I   Inspiration

E   Empathie[7]

B   Begegnungen

E   Erlebnisse

So viel als Einstieg in die wunderbare Gedankenwelt von John Strelecky. Kommen wir zum eigentlichen Thema dieses Kapitels.

John Strelecky erzählt in seinem Buch immer wieder die Geschichte vom Museumstag[8]...

Was wäre, wenn alles, was wir in unserem Leben tun, in einem Museum Platz fände? Freude und Lachen, negative Stimmung, mieses Verhalten? Alles hat seinen Platz. Sind wir 80% unseres Lebens glücklich, erstrahlt das Museum voller Licht. Sind wir überwiegend schlecht gelaunt und mürrisch, wird das Museum auch diese Stimmung ausstrahlen. Im

---

[7] Empathie = Die Möglichkeit, sich in ein anderes Lebewesen einzufühlen ohne zu bewerten, zu urteilen oder zu beraten.

[8] vgl. John Strelecky, 2017. *The Big five for life.* S. 20ff, dtv Verlagsgesellschaft

Buch wird als letzter Gedanke aufgeführt, dass das Leben nach dem Tod so aussehen könnte, dass wir ewig Museumsführer in unserem Museum wären.[9]

Ich hatte diese Geschichte schon im besagten Seminar gehört und nun in dem Buch mehrfach gelesen. Für mich ist sie eine wundervolle Inspiration. Eine große Motivation, mein Leben in die Hand zu nehmen und zu schauen, wie ich die Räume meines Museums mit positiven Momenten füllen kann. Ok, ein schöner Raum wird ein Fettnäpfchen-Raum. Wer ein Video an die falsche Person schickt oder beim Sex mal Kinnhaken verteilt, der hat auch solche Räume in seinem Museum. Rückblickend macht mir diese Idee keine Angst. Mein Leben ist für mich durchaus schön verlaufen und so wäre auch mein Museum. Tatsächlich erfüllt mich diese Vision mit Dankbarkeit für das was war und mit Vorfreude auf das, was noch kommen wird. Denn nun bin ich noch aktiver dabei mein Leben bewusster und schöner zu gestalten. Streleckys Idee des Museums des Lebens begeistert mich vollends.

---

[9] vgl. John Strelecky, 2017. *The Big five for life.* S. 24ff, dtv Verlagsgesellschaft

Doch es gibt auch andere Wahrnehmungen – wie immer im Leben. Als ich einmal die Geschichte erzählte wurde eine Zuhörerin sehr traurig. Sie hatte einen Angehörigen vor Augen, der sein Leben lang an einer chronischen Krankheit litt. Wie würde wohl sein Museum ausschauen mit all dem Leid? Meine Freude über die Vision Streleckys wich einer tiefen Betroffenheit. Ich war ergriffen und sprachlos ob der Erkenntnis, dass diese Geschichte so viel Trauer auslösen könnte. Auch hier zeigte sich mir wieder eindrucksvoll, wie unterschiedlich die Wahrnehmung ist. Wie schnell eine Geschichte, eine Situation, eine Vision eine komplett andere Bedeutung erhält, wenn nur kleine Stellschrauben verändert werden. Es ist mir so wichtig, dass wir dieses Wissen immer vor Augen haben. Es gibt nie nur eine Wahrheit oder nur eine Sichtweise. So war dieser Beitrag sehr wertvoll für mich, um meinen verklärten Blick auf diese Geschichte etwas zu erden. Doch relativ schnell entstand in mir ein anderer Gedanke „Wie würde wohl der Betroffene das Museum sehen"? Wäre die Krankheit vielleicht nur als Bilderrahmen eingebunden? Dauerhaft präsent, jedoch ohne einen friedlichen und glücklichen Gesamteindruck zu stören? Es gibt viele schwerkranke Menschen, die nur so vor Lebensfreude strotzen. Die ihrer Krankheit den Kampf ansagen und für die Aufgeben keine Option ist. Sicherlich würden sie auch ihr Museum entsprechend gestalten, die Krankheit einbinden ohne sie ihr Leben dominieren zu lassen. Ich würde es sehr gern mal hinterfragen.

Wiederum andere, die die Geschichte hörten, fühlten sich von der Idee unter Druck gesetzt. Sie hatten das Gefühl, es sei eine gnadenlose Pflicht, jeden Tag als „guten" Tag zu gestalten. Auch dieser Gedanke war mir absolut fremd. Mit Zwang ist eine Veränderung im Leben wohl eher von kurzer Dauer. Veränderungen brauchen Zeit, sie wollen zugelassen werden und sie entstehen am besten mit einer Basis aus Leichtigkeit und Freude. Das Museum wird ja letztendlich aus der Summe unserer Tage gestaltet. Ein paar Tage ohne Entwicklungen oder Veränderungen sind völlig in Ordnung. Und wieder zeigte mir diese Erfahrung eindrucksvoll, wie unterschiedlich wir alle Situationen, Ideen, Gedanken wahrnehmen. Wie verschieden wir alle sind und wie sehr jede Sichtweise doch ihre eigene Berechtigung hat.

Diese Momente haben mich zum Nachdenken gebracht und angespornt, Situationen noch mehr aus unterschiedlichen Perspektiven zu betrachten. Doch die Begeisterung für die Geschichte, für den Museumstag, ist geblieben und ich verbreite sie wann immer ich kann. Für mich ist sie eine wunderschöne Idee und ein Ansporn, meine Tage lebendig und reich zu gestalten. Dazu gehört es auch, meine wichtigsten Dinge im Leben möglichst tagtäglich ins Leben zu integrieren.

So freue ich mich beispielsweise auch, wenn ich bei Sturm und Regen draußen bin. Ich fühle mich dann so lebendig! Und ich bin so privilegiert, dass ich jederzeit zurück kann in meine warme Stube. Das ist ein großer Grund, dankbar zu sein. Lebensfreude als eine meiner wichtigsten Dinge im Leben lässt sich jeden Tag einbauen. Es gibt so viele Momente, die wir oft übersehen, die jedoch so lebendig und freudvoll sind: das Morgenrot, die Wolkenformationen am Himmel, ein Lächeln von Passanten, ein heißer Tee, eine warme Mahlzeit, Freunde, die für einen da sind.

Auch Inspiration finde ich in allen möglichen Situationen. Vor allem bei der Begegnung mit Menschen. Ihre Geschichten, ihre Ansichten, Erlebnisse und Erfahrungen sind sehr bereichernd, erweitern meinen Horizont und inspirieren mich.

Dass Empathie, das Mitgefühl mit den Lebewesen, ein wichtiger Punkt in meinem Leben ist, wurde noch mal durch mein Seminar zur Gewaltfreien Kommunikation verstärkt. Es ist so machtvoll, wenn man Menschen mit ehrlicher Empathie begegnet. Wenn Menschen so sein dürfen, wie sie sind, ohne Angst zu haben, verurteilt oder bewertet zu werden. Wie gut es tut, dass man nur da ist, wurde mir von vielen Seiten bestätigt. Dann ist es möglich zu spüren, dass wir Menschen alle miteinander verbunden sind. Und wenn wir nur den Menschen sehen und seine Handlungen oder Worte außen vor lassen, dann entsteht eine besondere Kraft und Wärme. Das erfüllt mich mit Freude.

Zu all den oben genannten Dingen sind oft Begegnungen notwendig. Begegnungen mit Menschen sind es, die mein Leben mit Sinn erfüllen. Denn sie bringen so viele spannende Aspekte und Ansichten in meine Welt. Zeit für Begegnungen ist es, die ich mir immer nehmen möchte.

Kleine und große Erlebnisse gehören zum letzten Punkt meiner Bedürfnisse. Das brauchen keine großen Abenteuer sein. Oftmals sind es die kleinen Momente, die unvergessen bleiben. So halte ich die Augen offen, bin neugierig und probiere mich aus. Damit diese Erlebnisse mein Museum füllen.

Früh aufstehen lohnt sich für besondere Momente: Sonnenaufgang an den Niagara Falls.

4   Das Geschenk des „Andersseins"

Bevor ich in diesem Buch fortfahre mit Gedanken und Erfahrungen aus meinem Leben, mit meiner Sicht auf die Welt, möchte ich einen wichtigen Punkt ansprechen. Ich möchte mit diesem Buch positive Gefühle und Gedanken wecken. Ich möchte inspirieren, motivieren, begeistern, ermutigen. Doch ich weiß auch, dass manche Menschen auf meine Lebensenergie negativ reagieren. Offensichtlich wirke ich dann wie ein Zerr-Spiegel, der der Person gegenüber deutlich macht, was fehlt. Frust, Demotivation und Traurigkeit könnten die Folge sein. Das ist von mir definitiv ungewollt!

Menschen sind unterschiedlich und das finde ich besonders wertvoll. Jede ist einzigartig, ein Individuum, ein eigenständig fühlendes und handelndes Wesen. Jede ist ein Wunder der Natur – ja, auch du! Klingt vielleicht etwas ungewöhnlich, doch für mich ist das ein Fakt. Aus meiner Sicht hat niemand das Recht, über Menschen zu urteilen und vorzugeben, was richtig oder falsch oder normal ist. Zumal niemand von uns weiß, was das Gegenüber erlebt hat. Welche Erfahrungen sorgen dafür, dass die Person so spricht oder reagiert, wie sie es tut? Welche alten Verletzungen oder Ängste wurden vielleicht unbewusst wieder an die Oberfläche gebracht? Jeder Mensch verdient es, dass wir ihr mit Respekt begegnen und dass wir ihr deutlich mehr Chancen geben als nur den ersten Eindruck. Allzu oft habe ich schon erlebt, dass dieser sehr stark täuschen kann. Daher sind meine Erfahrungen und Erlebnisse eben auch nur meine ganz persönliche Wahrnehmung. Jede Situation würde von dir oder von einer anderen sicherlich ganz anders wahrgenommen werden. Nimm also die Inhalte dieses Buches als eine Sichtweise auf das Leben wahr. Eine von vielen, die möglich sind.

> *„Normal ist eine Illusion, Liebling. Was für eine Spinne normal ist, ist für eine Fliege eine Katastrophe." aus dem Musical „Addams Family"*

Ich bin ein extrovertierter Mensch. Ich liebe das lebendige, aktive Leben und die Begegnungen mit Menschen. Und ich weiß, dass das manchen meiner Mitmenschen schnell mal zu viel werden kann. Denn bei einem großen Freundeskreis und der Neugier auf die Lebensgeschichten anderer füllt sich mein Terminkalender immer viel zu schnell. Doch es gibt auch wichtige Freundinnen in meinem Umfeld, die ganz anders ticken und die gern mal liebevoll den Kopf schütteln, wenn mein Aktionismus mich mal wieder in Zeitnot bringt. Für sie sind wenige ehrliche Beziehungen ausreichend. Sie brauchen lange, um Vertrauen zu Menschen zu fassen und sich auf engere Kontakte einzulassen. Sie sind oft lieber allein oder finden die nötige Nähe in der Beziehung zu ihren Tieren. Diese Menschen werden sehr schnell unterschätzt. Sie werden abgetan als Einsiedler oder vielleicht sogar als wunderlich wahrgenommen, weil sie sich bei menschlichen Begegnungen eher zurückhalten. Dabei stecken in ihnen wunderbare herzensgute Menschen, die für ihre echten Freundinnen das letzte Hemd geben würden. Sie sind intelligent und gehen ihren Weg, nur eben viel leiser als die eine oder andere von uns. Jede ist für sich selbst verantwortlich und darf so leben, wie es ihr gut tut. Genau dafür möchte ich mich einsetzen. Es gibt so viele verschiedene Lebensmodelle, es gibt für jede das passende.

Da gibt es aus meiner Sicht keine bessere oder schlechtere Variante, eben nur verschiedene. Jede darf so sein, wie sie ist und wie sie sich gut fühlt. Die eigene Freiheit wird nur dadurch begrenzt, dass andere ebenfalls ungestört leben können. Anders sein ist für mich bereichernd. Wir alle sind anders und unterscheiden uns. Jede von uns hat andere Vorlieben, einen anderen Geschmack, andere Werte und andere Prioritäten. Natürlich kann das auch mal zu Reibungen führen. Doch niemand möchte wohl ernsthaft leblose, gleichklingende und austauschbare Menschen. Für mich trägt jede Einzelne von uns dazu bei, dass diese Welt so existiert, wie sie ist, und dass das Leben möglich ist. Jede Einzelne mit ihren Besonderheiten ist eine Bereicherung für diese Welt. Stell dir vor, wir würden alle nur blaue Jacken tragen. Die Welt wäre ziemlich farblos. Und genauso ist es auch mit unseren Charakterzügen. Die eine ist eher spontan, was auf weniger spontane Menschen wechselhaft wirken könnte. Doch die Spontanität hilft wiederum, um mit unerwarteten Dingen besser umzugehen. Während die andere vielleicht genau plant und sehr akribisch ist. Das ist sinnvoll, denn es kann durchaus zu den optimaleren Ergebnissen führen. Bei unerwarteten Ereignissen jedoch fehlt oft die Zeit für die Recherche. Beide Varianten sind gut und haben ihren Sinn. Wie schön wäre es, wenn diese Menschen sich unterstützen und ergänzen würden. Wenn sie ihre Gegenteile als Bereicherung erkennen würden und so gemeinsam noch mehr erreichen könnten, als alleine.

Abgesehen von den verschiedenen Charakteren kann es durchaus auch vorkommen, dass zwei Menschen ein und dasselbe Bedürfnis haben, jedoch eine vollkommen unterschiedliche Strategie wählen, es zu erfüllen. Dies ist letztendlich auch die Grundlage der Gewaltfreien Kommunikation. Ich beschreibe dir ein Beispiel aus der jüngsten Vergangenheit. Mein Pferd war krank, es lahmte und es ging darum, ob es Hufschutz braucht. Gemeinsames Bedürfnis von mir und meiner Freundin war, mein Pferd zu schützen und zu seiner Gesundheit beizutragen. Während ich die Diagnosen hörte blieb ich in meinen Gedanken im positiven Modus. Ich wünschte mir, dass mein Pferd keine Hufeisen bräuchte. Meine Freundin hingegen hatte sich über verschiedene Hufschutz-

Möglichkeiten informiert und bereits (auch auf meinen Wunsch hin) ihren Hufschmied kontaktiert. Sie braucht die Sicherheit, schnell das Schlimmste abzuwenden. Ich brauche das Vertrauen und den Glauben, dass das Schlimmste ausbleibt. Das wunderbare an unseren Verschiedenheiten ist, dass wir uns super ergänzen. Denn durch meine Freundin habe ich den Blick auf das, was kommen könnte und kenne die Möglichkeiten. Meine positiven Gedanken bleiben jedoch bestehen und vielleicht ist es so möglich, das Negative abzuwenden. Eine Symbiose, die durchaus kraftvoll wirken kann.

So unterschiedlich kann ein Bedürfnis behandelt werden. Der einen ist Selbstschutz wichtig und so sorgt sie als Realistin dafür, keine Enttäuschungen zu erleben. Das bedeutet auch, dass Situationen eher anhand der Fakten beurteilt werden, anstatt auf das Wohlwollende im Leben zu Vertrauen. Sie analysiert und prüft, sie hat mindestens drei Lösungsalternativen an der Hand und die Erfahrungen der Vergangenheit sind für sie absolut prägend. Ich hingegen brauche die positive Sichtweise nach vorn. So denken durchaus auch viele andere Menschen. Mir ist natürlich auch wichtig, eine Situation realistisch einzuschätzen und für sie eine reelle Lösung zu finden. Zaubern kann ja nun mal niemand so wirklich. Doch bei all den Möglichkeiten, die sich auftun, bleibe ich bei den positiven Gedanken, lasse die Fakten im Hintergrund bestehen und vertraue auf einen positiven Ausgang. Wer letztendlich Recht behält ist offen. Doch beide wählen ihren Weg, der für sie die Situation erträglich macht. Sie folgen ihrer Wahrheit und ihren Glaubenssätzen. Das diese unterschiedlich sind ist völlig in Ordnung und sogar sehr gut. Denn wie oben schon beschrieben, ist daraus viel zu lernen. Menschen können sich nach meiner Erfahrung wunderbar ergänzen, wenn sie ihre unterschiedlichen Charaktereigenschaften zum Lernen und Wachsen verwenden, anstatt gegenseitig auf den einzigen richtigen Weg zu pochen.

> *Zum Recht haben:*
> *Recht haben ist aus meiner Sicht nie gewaltfrei,*
> *denn es unterstellt meiner Gesprächspartnerin,*
> *dass sie Unrecht hat. Du kannst nur selten objektiv Recht haben, es ist stets ein subjektiver Standpunkt, der beschrieben wird. Ausnahmen bilden*

sicher Rechen- und Rechtschreibfehler oder unum-
stößliche Fakten wie „Wasser ist nass". Weil wir
allerdings oft unsere subjektiven Ansichten als
allgemein gültig ansehen und es sich in unserer
Kommunikation ganz normal anfühlt, dass eine
Recht haben muss, sind Ärgernisse, Missver-
ständnisse und Streits vorprogrammiert. Wenn es
also mal wieder eine Situation gibt, in der du dei-
nen Standpunkt verteidigst, schau genau hin, ob
vielleicht beide Meinungen bestehen bleiben kön-
nen. Ein viel zitierter Spruch, u.a. von Marshall
Rosenberg: „Willst du Recht haben oder glücklich
sein? Beides geht nicht." Es ist deine Wahl.

Und weil wir so verschieden sind und das gut ist, möchte ich betonen, dass jede Einzelne auf ihre Weise glücklich sein kann. Mein Weg ist nur EIN Weg von tausenden. Es geht darum, dass du erkennst, was dir wichtig ist. Was tut dir gut? Was gibt dir positive Energie? In welchen Momenten spürst du das Glück? Such sie dir, merk sie dir und bau immer mehr von diesen Momenten in dein Leben ein. Lass andere reden. Oft haben Menschen vermeintlich gut gemeinte Ratschläge. Doch letztendlich sind diese auch

Schläge. Lern dich kennen und finde deinen ganz individuellen Weg. Dann werden all die Erfahrungen und Erlebnisse, die ich in diesem Buch beschreibe, auch für dich eintreffen. Auf deine Art. In der Form, die dich begeistert, erfüllt, motiviert und glücklich macht. Das kann ganz anders aussehen als bei mir. Sehr gern würde ich deinen Weg kennenlernen. Vielleicht magst du mir ja später einmal darüber berichten.

> *„Die Linien des Lebens sind verschieden." Friedrich Hölderlin (1770-1843), deutscher Dichter/Lyriker*

Sein Leben aktiv in die Hand zu nehmen und nach den eigenen Wünschen zu gestalten verspricht auf jeden Fall einen friedlicheren Tod. Denn die australische Autorin Bronnie Ware hat in ihrem Buch „5 Dinge, die Sterbende am meisten bereuen"[10] bereits festgehalten, was Menschen vor ihrem Tod am meisten bereuen: „Ich wünschte, ich hätte den Mut gehabt, mir treu zu sein in meinem Leben und nicht das Leben zu leben, das andere von mir erwarteten". Ich denke, das ist der wichtigste Schlüssel zum Glück.

---

[10] vgl. Bronnie Ware, 2015. *5 Dinge, die Sterbende am meisten bereuen*. Goldmann Verlag

Keine neue Weisheit, denn überall in vielen Büchern, Zitaten und Artikeln geht es immer wieder darum, seinen persönlichen Weg zu finden und sein Leben für sich erfüllend zu gestalten. Leb dein Leben, sei dir treu, sei dir dein bester Freund, deine größte Liebe, dein wohlwollendster Kritiker. Wenn du immer den Erwartungen, Wertevorstellungen und Vorgaben anderer entsprechen möchtest, dann wirst du vermutlich nie dein wahres Glück finden. Enttäuschungen und Verletzungen sind vorprogrammiert. Wenn du es schaffst, dich von den äußeren Erwartungen zu befreien, besser auf dich und deine Wünsche zu achten und so nach und nach dein Leben zu gestalten, dann wirst auch du dein Glück finden. Dabei ist es ganz gleich, wie groß du dein Glück definierst. Während die eine unbedingt Karriere machen möchte oder vielleicht die Position der Bundeskanzlerin anstrebt, ist die andere glücklich und zufrieden, wenn sie in ihrem Blumenladen täglich ihren Kunden ein Lächeln ins Gesicht zaubern kann. Wie dein Glück aussieht wirst nur du herausfinden können. Menschen sind anders und das ist gut so. Lass dich von außen inspirieren und motivieren, jedoch wähle deinen eigenen Weg zum Glück.

In diesem Sinne lass dich ermutigen und beflügeln von diesem Buch. Nimm daraus mit, was sich für dich positiv anfühlt und dir Wohlwollen verschafft. Lach über möglichst viele Passagen oder schüttele gern auch den Kopf. Mein Weg ist nur ein Weg. Finde deinen!

> *„Mach Dir selbst und anderen Mut." Yogi Tea®*
> *Weisheit[11]*

[11] Yogi Tea® ist ein leckerer, ayurvedischer Gewürztee. Auf den Packungen und an den Beuteln (Teatags) werden wunderbare Weisheiten abgedruckt, die teilweise von **Yogi Bhajan** stammen. Von ihm stammt das Originalrezept für die Teemischungen.

5   Menschen als Inspiration

Eine meiner Sehnsüchte im Leben, die wichtig ist für meine Lebensfreude, ist die Begegnung mit Menschen. Ganz gleich, wer es ist. Das ist mir jetzt noch mal bewusster geworden, obwohl ich schon immer sehr aufgeschlossen war und entsprechend auch einen großen Freundes- und Bekanntenkreis habe. Menschen haben immer spannende Geschichten zu erzählen. Ja das ist so. Hör hin. Wenn wir über unsere Erlebnisse berichten oder über aktuelle Ereignisse sprechen, dann lassen sich daraus wunderbare Geschichten hören. Und die unterschiedlichsten Perspektiven und Sichtweisen machen diese noch abwechslungsreicher. Die vielfältigen Facetten, wie unterschiedlich wir unsere Leben wahrnehmen, sind eine absolute Bereicherung für mich (siehe auch Kapitel 6). Einige Menschen streifen meinen Weg nur kurz. Das kann auch nur ein Moment sein, eine Begegnung auf der Straße oder ein Smalltalk an der Supermarktkasse. Selbst aus diesen kleinen Momenten habe ich schon öfters wichtige Impulse mitgenommen. Daher mag ich es sehr, mit Menschen in

Kontakt zu kommen, selbst wenn es nur diese kurzen Begegnungen sind. Doch glücklicherweise gibt es viele Menschen, die mich schon fast mein Leben lang begleiten. Viele Freundschaften halten schon seit Jahrzehnten. Was für ein Geschenk. Oftmals nehmen wir uns zu wenig Zeit, um im regen Kontakt zu bleiben. Das ist leider häufig der Lauf der Dinge. Doch in Gedanken und im Herzen sind diese Menschen immer bei mir. Wenn ich zurück schaue hat jeder einzelne von ihnen mir wichtige Dinge mitgegeben auf meinem Weg der Entwicklung. Dafür bin ich dankbar und halte die Erinnerung an diese Menschen sehr lebendig in meinem Herzen. Es gibt jene, die nur mit wenigen Worten bleibenden Eindruck hinterlassen und mir Impulse für meine Weiterentwicklung liefern. Sie kommen genau im richtigen Moment und sorgen für einen großen Schritt weiter vorwärts. Sie strahlen positive Energie aus und geben gern. Andere wiederum können durchaus anstrengend und energiezehrend sein. Menschen, die nur reden können statt auch mal zuzuhören. Negativdenker, Opfer und Schwarzseher, die glauben, dass das Leben sich gegen sie verschworen hat. Sie haben selbst an den schönsten, einzigartigsten, vollkommensten Momenten noch etwas auszusetzen. Und selbst aus diesen Situationen kann ich viel lernen. Sie zeigen mir oft, wie gut ich es habe und wie wertvoll es ist, seinen positiven Sinnesmuskel zu stärken und zu trainieren. Denn nur, wenn wir die positive Sichtweise wirklich trainieren, dann werden wir auch in Situationen mit negativen Menschen standhaft bleiben können und unsere Weltanschauung unerschüttert lassen.

„Der eigentliche Zweck des Lernens ist nicht das Wissen, sondern das Handeln." Herbert Spencer (1820-1903), engl. Philosoph u. Sozialwissensch.

Besonders wertvoll für mich sind die vielen Menschen, die ich tatsächlich persönlich kennen darf. Die Zeit für Begegnungen nehme ich mir gern und verzichte dafür eher mal auf Schlaf. Auch wenn es mittlerweile schwierig wird, allen gerecht zu werden. Doch jeder einzelne meiner Freunde kann sich sicher sein, dass ich oft an sie und ihn denke und sie immer einen Platz in meinem Herzen haben.

Unabhängig von den persönlichen Begegnungen finden auch andere Menschen in mein Leben, indem ich ihre Bücher lese, Hörbücher höre oder YouTube

Videos anschaue. Ich lasse mich von ihnen begeistern und fülle meinen Erfahrungsschatz weiter auf. In letzter Zeit ist mir bewusst geworden, dass Menschen häufig wie in Wellenformen in mein Leben kommen. Wenn die Zeit dran ist, eine bestimmte Erfahrung zu machen, etwas zu erkennen oder zu lernen, tauchen die entsprechenden Menschen auf und helfen mir oft unbewusst, mich weiter zu entwickeln. Sie sind wie Teile in meinem Lebenspuzzle. Sie begleiten mich eine gewisse Zeit recht intensiv und sind eine wichtige antreibende Kraft für mich. Dann lässt es manchmal nach, teilweise verschwinden sie sogar gänzlich aus meinem Leben. Doch es bleibt eine große Dankbarkeit und Wertschätzung für die jeweiligen Lektionen und Erkenntnisse, die aus diesen Begegnungen resultieren. Manche Menschen tauchen auch nach einigen Jahren der Abstinenz wieder auf, die Beziehung wird intensiver. Es ist faszinierend, was alles geschieht und wie sehr die einzelnen Gegebenheiten zueinander passen und auf einander einwirken.

Seit ich offener durch die Welt gehe und die Begegnungen mit den Menschen noch bewusster wahrnehme, fügen sich viele Dinge zusammen. Ein Zahnrad greift ins nächste, das Bewusstsein wird stärker und größer, neue Menschen kommen passend in mein Leben, alte Bekannte tauchen wieder auf und so dreht sich das Rad weiter in eine faszinierende Richtung.

Sehr berührend für mich ist auch, dass sich über meine Begegnungen teilweise Menschen finden, die offensichtlich schon länger auf einander warteten. So kann es sein, dass ein Mensch in meinem Leben auftaucht, wir uns sehr intensiv austauschen, er dann durch Zu-Fall eine langjährige Freundin von mir trifft und zwischen beiden eine intensive Freundschaft entsteht.

Zu-Fall ist, wenn dir etwas im passenden Moment zufällt.

So ist es geschehen und verdeutlicht wieder nur, wie sehr wir doch unbewusst miteinander verbunden sind. Der richtige Ort und der richtige Zeitpunkt fördern so viele spannende Dinge zu Tage und das wirklich über hunderte Kilometer Entfernung. Das zeigt mir deutlich, dass wir uns noch mehr öffnen sollten anstatt nur unser Ding zu machen. Es ist so bereichernd, „Fremde" zueinander zu bringen und zu beobachten, was daraus entsteht. Eine faszinierende Eigendynamik. Interessanterweise ziehen wir ja auch die Menschen an, die auf unserer Frequenz mitschwingen, die ähnlich wie wir denken und fühlen. Dadurch ist es alles andere als zufällig, dass diese Begegnungen stattfinden können. Es ist die Dynamik des Lebens, wenn wir sie zulassen. Es klingt etwas abstrakt und schwer zu glauben, doch genau so habe ich es erlebt. Daher bin ich gern unterwegs und offen, für das was kommt. Wenn ich mich eingeigelt hätte und ich stets andere Dinge wichtiger gefunden hätte, als mich mit Menschen zu umgeben, dann hätte ich einiges versäumt. Natürlich ist dies so eher möglich, wenn du auch dafür offen bist. Doch selbst wenn du schlechte Erfahrungen mit Menschen gemacht hast, dann lass dich doch einmal überzeugen, dass es auch anders geht. Versuch dich zu öffnen und vom Strom des Lebens mitnehmen zu lassen. Es werden besondere Abenteuer auf dich warten...

Oh je, ich komme ins Schwärmen und Philoso-
phieren..... Bevor ich hier zu abstrakt und wunderlich
weiter schreibe, möchte ich dir ein paar Beispiele
erzählen, ein paar wichtige Menschen in meinem
Leben vorstellen. Leider werden hier nur einige wenige Platz finden, insbesondere die, die mich auf
meinem neueren Entwicklungsweg begleitet haben.
Diejenigen, die ich brauchte, um zu erkennen und zu
„erwachen" und letztendlich auch, um dieses Buch
überhaupt zu schreiben. Für alle anderen könnte ich
ein weiteres Buch verfassen, denn jeder einzelne
Mensch, der mir begegnet, ist wertvoll für mich und
wäre eine Erwähnung wert. Du auch!

Den Anfang in mein bewussteres Leben machten
zwei Bücher, die ich 2015 und 2016 las: „Wie man
Dinge nicht so persönlich nimmt" von mymonk.de
und „Sit Happens – Buddhismus in allen Lebenslagen" von Timber Hawkeye (letzteres ein Geburts-
tagsgeschenk von einer lieben Freundin). In kurzen
Geschichten und Erfahrungsberichten bringen beide
Autoren sehr anschaulich und unterhaltsam rüber,
dass jede Wirklichkeit nur von unseren Gedanken
erschaffen wird. Und dass wir oft Dinge missverste-

hen oder persönlich nehmen, weil wir in unserer Vorstellung, in unserer Wahrheit feststecken ohne zu versuchen, die Sichtweise des anderen zu verstehen. Oftmals ist nur eine kleine Veränderung der Perspektive notwendig, um Situationen ganz anders wahrzunehmen. Und die meisten Dinge, die wir persönlich nehmen, betreffen andere Personen. Wenn wir uns ärgern, dann ist das unsere rein persönliche Entscheidung. Auch das Mitgefühl für andere Lebewesen ist beiden Autoren immer wieder ein Anliegen. Dank Timber Hawkeye[12] haben mittlerweile die Spinnen in meinem Haus einen Namen (Oskar) und werden lebendig an die Luft gesetzt, statt sie zu erschlagen. Die Geschichten sind sehr anschaulich und einprägsam geschrieben. So fiel es mir leicht, die Gedanken der Autoren zu verstehen, zu verinnerlichen und für mich umzusetzen. Das Verständnis war ruckzuck in mir und ich habe mir seit dem wirklich viel Ärger erspart. Eine wunderbare Eigenschaft, für die ich sehr dankbar bin. Eines meiner Lieblingsbü-

---

[12] vgl. Timber Hawkeye, 2014. *Sit Happens: Buddhismus in allen Lebenslagen.* S. 86ff, Knaur MensSana TB

cher zum Verschenken (neben Big Five for Life) ist mittlerweile „Sit Happens" – für den leichten, unterhaltsamen Einstieg in eine andere Weltanschauung.

Erkennst du das Herz? Alles eine Frage der Perspektive und des eigenen Fokus.

Meinen Blick auf einen empathischeren, liebevolleren Umgang mit den Lebewesen und mehr Mut zu haben, auf das Bauchgefühl zu hören, hat meine Hundetrainerin geschult. Dagmar Spillner von der Osteroder Haustierakademie hat wohl dosiert das Pflänzchen der Liebe und des Mitgefühls in mir gewässert und gedüngt. Mit kleinen Impulsen, detaillierten Beobachtungen, einem Schubs in die passende Richtung, ganz viel Freude, Verrücktheit und Humor hat sie mir einen tollen Lebensweg gezeigt. Statt eine

Trainingsmethode zu lehren hat sie mir eine Lebenshaltung vermittelt. Viele Menschen, denen ich davon erzähle, sind sehr verwundert. Doch diejenigen, die bei ihr trainieren, wissen genau, was ich meine. Der Umgang mit einem Lebewesen, das eine andere Sprache spricht, erfordert viel Einfühlungsvermögen, Mitgefühl und Selbstreflektion. Natürlich kann ich meinen Hund auch anbrüllen und vielleicht tut er aus Angst das, was ich will. Oder er verhält sich nur noch still und unterwürfig und wird dann landläufig als „braver Hund" betitelt. Doch mein Weg ist ein anderer. Sowohl beim Hund als auch beim Pferd möchte ich mich verständlich machen. Ich möchte schlau mit den Tieren umgehen und ihnen so meine Sprache vermitteln. Dagmar hat mir zum Verstehen verholfen. Interessanterweise ist diese Einstellung auch wichtig, wenn wir dieselbe Sprache sprechen. Denn unsere Sprache ist oft Segen und Fluch zugleich. Da wir alle durch unsere Erfahrungen und Erlebnisse geprägt sind, haben Worte für die verschiedenen Menschen oft unterschiedliche Bedeutungen. Das führt nur zu oft zu Missverständnissen und sogar zu großen Krisen. Wenn sich jeder etwas zurück nimmt und versucht in den anderen hinein zu fühlen, zu schauen, was hinter den Worten stecken könnte, dann wird das Miteinander sicherlich harmonischer. Die lehrreichen Einheiten bei Dagmar und ihre wunderbare Sicht auf diese Welt[13] haben mich letztendlich auch zur Gewaltfreien Kommunikation (GFK) nach Marshall Rosenberg gebracht – ein weiterer Glücksfall in meinem Leben.

Marshall B. Rosenberg entwickelte die Gewaltfreie Kommunikation bereits in den 1960er Jahren. Sie soll Menschen dazu verhelfen, vertrauensvoller, offener und wertschätzender miteinander umzugehen. Sie basiert auf die Bedürfnisse eines jeden Einzelnen, auf Gefühle, die entstehen und Handlungen, die daraus resultieren. Sie wurde und wird oft in Konflikten und Krisen angewendet, ist aus meiner Sicht allerdings auch eine wunderbare Methode, um die zwischenmenschliche Kommunikation zu verbessern, Missverständnisse zu vermeiden und das Leben liebevoller zu gestalten. Sie wird auch als „Sprache des Herzens" bezeichnet, was es sehr genau trifft.

---

[13] Leseempfehlung Dagmars Blog: https://dagmarswelt.blog

Die GFK basiert auf vier wesentliche Elemente: Beobachtung, Gefühle, Bedürfnisse, Bitten. Sie schult darin, Situationen und Handlungen neutral zu beobachten unabhängig vom jeweiligen Menschen. Gefühle werden wahrgenommen und auch ausgesprochen bzw. benannt. Die dahinter verborgenen Bedürfnisse/Wünsche bei uns und bei anderen gilt es zu erkennen. Mit einer darauf basierenden Bitte eröffnen wir unserem Gegenüber und uns selbst eine Chance, Wege zu einem besseren, wertschätzenderen, achtsameren Miteinander zu finden. Dabei geht es immer darum, in Verbindung zu bleiben. Lösungen sind eher zweitrangig. Für mich ist dies mehr als ein Kommunikationstool. Als GFKler zu leben ist eine bewusste Lebensentscheidung. Diese erfordert auch wieder viele Kenntnisse über sich selbst. Welche Bedürfnisse habe ich? Wieso werde ich traurig, wenn mein Gegenüber mir etwas Bestimmtes sagt? Welche Gefühle gibt es überhaupt sowohl bei erfüllten als auch bei unerfüllten Bedürfnissen? Und was konkret steckt dahinter? Wie kann ich meinem inneren Verlangen Ausdruck verleihen, so dass es mein Gegenüber versteht und sich wertgeschätzt fühlt? Es erfordert einiges an Training und stetem Perspektiv-wechsel, um wirklich wertschätzend, menschen-freundlich und krisenfrei zu kommunizieren. Doch der Aufwand ist es sicher wert. Das zeigen mir auch die Reaktionen von Menschen, denen ich begegne.

Im GFK-Seminar habe ich meine Empathie-Freundin gefunden – wiederum eine gegenseitig stärkende Begegnung. Wir pflegen einen sehr offe-nen, vertrauensvollen, urteilsfreien Umgang. Wenn wir zusammen sind darf jede sein, wie sie ist. Ge-danken- und Meinungsaustausch gibt es nur, wenn die andere es ausdrücklich wünscht. Denn es ist auch möglich zusammen zu sein, ohne für jede Heraus-forderung eine Lösung zu finden. Gerade in schwie-rigen Lebenssituationen ist es aus meiner Erfahrung oft hilfreich und ausreichend nur da zu sein. Ein of-fenes Ohr zu haben und eine Umarmung anzubieten, die von Herzen kommt. Bei unseren Treffen, die wir seit wir uns kennen recht regelmäßig in unseren Terminkalender einbauen, ist der Empathie-Spaziergang ein wesentliches Element. Jede von uns hat zehn Minuten freie Redezeit. Die andere hört zu ohne zu hinterfragen oder zu argumentieren. Diese zehn Minuten sind nur dafür da, sich von der Seele zu reden was gerade brennt. Dann wird gewechselt. Und nur wenn eine von beiden es möchte wird nach dem Spazierengehen das Thema näher besprochen. Das ist sehr spannend, zumal sie und ich sehr verschiedene Menschen sind und doch irgendwie zueinander gehören. Sie hat in mir eine empathische Zuhörerin gefunden, die keinen Druck aufbaut und wo sie die Sicherheit hat, dass sie alles sagen kann ohne be-/verurteilt zu werden oder in eine Schublade gesteckt zu werden. Mir zeigt sie deutlich, dass ich mit meiner freudigen, leichten, energiegeladenen Art Menschen unterstützen kann und dass das „da sein" so enorm viel Kraft hat. Das gibt meinem Leben Sinn und bringt mir Zufriedenheit. So kann ich nur durch meine Persönlichkeit, nur weil ich da bin mein Motto „Glücklich sein und glücklich machen" leben. Meiner Freundin bin ich dankbar für alles, was sie mit mir teilt und was ich durch sie lernen darf.

> *„Vertrauen zu genießen ist ein größeres Kompliment als geliebt zu werden." George Macdonald (1824-1905), schottischer Schriftsteller und Pfarrer*

Nun noch mal einen Schritt zurück. Die Entwicklung in den bewussten positiven Lebensmodus begann im Herbst 2017, wie bereits in Kapitel 2 beschrieben. Wichtigste Impulse für den Start auf den neuen Weg bekam ich von Coach Carsten und dem Buch „Seelengevögelt" von Veit Lindau. Vor allem die Gespräche mit dem Coach und unser E-Mail-Austausch halfen mir, die Entwicklungen zuzulassen, anzunehmen und meinen Verstand am Zweifeln zu hindern. Denn es passierte alles so schnell. Ich hatte mega viel Energie, konnte wenig schlafen und habe stattdessen viel gelesen. All das Positive im Leben hat mich eingefangen und rasant mein Herz und meinen Geist geöffnet. Da war es wichtig, sich öfters mit Gleichgesinnten auszutauschen und zu hören, dass all die Emotionen und Energien „normal" sind. Es fühlte sich nämlich ab und an so an, als würde ich den Verstand verlieren. Die Begegnung mit Carsten, die Buchempfehlungen und unsere Gespräche haben so viel verändert. Ich durfte verstehen, dass das Glücklichsein durchaus der Sinn des Lebens sein kann, dass es so leicht sein darf. Ich lernte, offener, neugieriger, ahnungsloser meiner Welt zu begegnen und entdeckte die Besonderheit eines jeden Moments. Jeder Spaziergang wurde zur Entdeckungsreise und ist es auch heute noch. In jedem Gespräch lernte ich Neues dazu. Immer wieder kamen neue Gedanken und Ideen auf, wie die Welt wahrgenommen werden kann und welche Bedeutung unser Leben bekommen kann. Die anfängliche Sorge, ich könnte aus diesem wundersamen Zustand erwachen und mich wieder in einer kalten Welt befinden, nahm mir meine Freundin aus München mit dem Satz: „Wenn Du dieses Gefühl hast, dann kennst Du genügend Menschen, die Du anrufen kannst und die Dir diese Illusion nehmen." Ein wunderbares Geschenk. Mittlerweile ist daraus auch ein geflügeltes Wort zwischen uns geworden, wenn uns mal wieder der Zweifel packt. Wenn unsere innere Stimme uns vor den Veränderungen bewahren möchte, die bevorstehen. Dann sagen wir uns oft, dass die Zweifel nur eine Illusion sind. Tatsächlich hilft es und die Stimmen werden leiser. Auch wenn es manchmal nach Schönrederei klingt: Ich möchte lieber eine Zeit lang dieses Hochgefühl erleben, mit strahlenden Augen mein Leben leben und möglichst

viele Momente einzigartig machen (es ist ja schließlich jeder Moment einzigartig, keine Sekunde lässt
sich zurück holen) anstatt mich ständig zu fragen, ob
das hier wirklich die Realität ist. Oder gar darauf zu
warten, dass das gute Lebensgefühl wieder verschwindet. Das wäre für mich verschenkte Lebenszeit.

Nun zu einem weiteren inspirierenden Menschen
in meinem Leben. Meine Freundin aus München
begleitet mich bereits seit 1999. Sie ist eine E-Mail-
Freundschaft, quasi durch Zu-Fall entstanden. Sie
suchte eine Miriam Fuchs, mich hat sie gefunden. Ich
war eine andere doch offensichtlich genau die Richtige. Denn sonst wäre unsere Freundschaft weniger
intensiv und hätte vermutlich auch schon längst keinen Bestand mehr. Aus dem E-Mail-Kontakt wurde
schnell auch eine persönliche Begegnung. Telefonate
sind mittlerweile gut zu planen, denn ein Minimum
von 1,5 Stunden ist schon schwierig einzuhalten.
Unser Rekord liegt bei fünf Stunden. Na und? Wenn
wir uns auf einen Tee treffen würden, was die Entfernung Goslar – München schwierig macht, dann
würden wir auch locker einige Stunden zusammen

verbringen. So lassen wir ab und an die Telefondrähte glühen. Unser Kontakt war in den vergangenen 20 Jahren sehr unterschiedlich intensiv. Trotz teils jahrelanger Funkstille ist unsere Verbindung glücklicherweise erhalten geblieben. Interessanterweise wurde und wird unser Kontakt immer dann intensiver, wenn wir uns irgendwie brauchen. Durch sie habe ich sehr viel gelernt über das Universum, das Gesetz der Anziehung, die verschiedensten Verstrickungen im Leben. Sie ist für mich ein wertvoller, unendlicher Wissensschatz auf allen Ebenen des Lebens. Kleine Impulse ihrerseits haben sehr viele Veränderungen in meinem Bewusstsein geschaffen. In unseren Gesprächen wurde immer wieder deutlich, dass Zu-Fall eben nur bedeutet, dass dir Dinge zu fallen, wenn es so weit ist.

„Kein Sieger glaubt an den Zufall." Friedrich Nietzsche (1844-1900), deutscher Philosoph

Auch wurde deutlich, dass eine Ent-täuschung letztendlich nur die Aufhebung einer Täuschung ist, die vor allem unsere eigene Erwartung produziert hat. Die Schreibweise soll die Bedeutung betonen, die Täuschung wurde entlarvt. Auch hier wird deutlich, dass du häufig das bekommst, was du ausstrahlst. Lebst du in Angst und Mangel ziehst du diese auch an. Lebst du in Liebe, Fülle und Vertrauen ins Leben, wird es sich entsprechend positiv wenden. Dies ist vielleicht eine etwas vereinfachte Darstellung. Auf dem Weg zu einem erfüllten Leben kann es durchaus holpern. Es ist unsere Herausforderung, auch bei Gegenwind und Sturm weiterhin auf das Wohlwollende unseres Lebens zu vertrauen. Es gibt offensichtlich sehr viele unerklärbare Strömungen zwischen Himmel und Erde, die Einfluss auf unser Glück haben. Die Menschen sind auch unterschiedlich empfänglich dafür. Wer im Bereich der Hochsensibilität angesiedelt ist, der spürt anders und nimmt anders wahr. Da werden Energien zwischen Menschen sehr kraftvoll und können sowohl in positiver als auch in negativer Weise auf uns einwirken. Oftmals ist es für diese Menschen dann schwierig einzuordnen, ob es ihre eigenen Emotionen, Ängste oder Gefühle sind, die sie gerade beschäftigen. Oder ob sie die Energien eines anderen Menschen spüren. Ein heikles Thema, das häufig echte Experten braucht, damit hochsensible Menschen mit ihren Sinnen zurechtkommen und ihr Leben schadlos leben können. Dennoch, ich bin überzeugt davon und habe es schon sehr oft erlebt, dass wir vieles selbst beeinflussen können, indem wir dem Leben vertrauen und ihm positiv begegnen. Unsere Gedanken sind stark. Mit unserer Einstellung zum Leben erschaffen wir eine Art Anziehungskraft, die unsere Entwicklung positiv oder negativ beeinflussen kann. Es können durchaus dauerhafte Arbeits-, Lern- und Entwicklungsprozesse nötig sein, bis wir den für uns freudvollen Weg finden. Dran bleiben und dran glauben ist meine Devise.

Respekt, Toleranz, Empathie, die Annahme des Anderen und des Andersseins habe ich durch eine enge Freundschaft zu einem wertvollen Menschen vertieft. Wir sind so verschieden, dass eine Freundschaft zwischen uns normalerweise sehr schwierig wäre. Doch im Gegenteil. Da wir uns gegenseitig so akzeptieren, wie wir sind, werden unsere Unterschiede zur Bereicherung für den anderen. Während ich von ihr viel an Geduld und Präzision lerne, färbt auf sie etwas Verrücktheit und Lockerheit meinerseits ab. So haben wir unheimlich viel Spaß zusammen. Mal sehen, vielleicht wird es ja doch irgendwann mal einen YouTube Kanal von uns beiden geben. Wer uns erlebt, hat zumindest des Öfteren was zu Lachen oder zum Kopf schütteln. Wir teilen die Liebe zu den Pferden und haben so viele schöne Momente zusammen. Verschieden sein hat auch wunderbare Vorteile. Das Buch „So bin ich eben" von Stefanie Stahl kann ich jedem empfehlen, der gern mehr über verschiedene Menschentypen, unterschiedliche Charaktereigenschaften, über sich und andere erfahren möchte. Es ist unterhaltsam geschrieben mit sehr praktischen Anleitungen für den Umgang mit den verschiedenen Menschentypen.

> *„Freundschaft, das ist eine Seele in zwei Körpern."*
> *Aristoteles (384-322), griech. Philosoph*

Besondere Menschentypen werden zu Lehrmeistern auf meinem Weg. Sie tauchen auf und verschwinden wieder. Das ist mir jetzt erst bewusst geworden und es ist sehr spannend, diese Wellenbewegung zu beobachten. Eine sonderbare Begegnung im Frühjahr 2018 lehrte mich, ganz intensiv zu fühlen ohne jegliche Worte. Eine spannende, faszinierende Zeit, in der ich Nähe, Verbindung, Empathie, Respekt, Neugier, Anerkennung, Sinnhaftigkeit und Unterstützung erfahren durfte, ohne verbalen Austausch. Und Misstrauen. In einem der wenigen Gespräche, die es gab, wurde mir so viel Misstrauen entgegen gebracht wie noch nie in meinem Leben. Im ersten Moment war das sehr schockierend für mich. Doch dann war ich nur traurig und voller Mitgefühl für diesen Menschen, der scheinbar sehr viele unschöne Erfahrungen mit unserer Art gemacht hat. Der dadurch erst einmal niemandem Vertrauen kann. Wie einsam ist wohl so ein Mensch? Doch letztendlich konnte ich mir kein Vertrauen erarbeiten. Es war eine spannende, lehrreiche Begegnung. Eine unvergessliche Episode in meinem Leben zum passenden Zeitpunkt. Was sich in der Wahrnehmung meiner Gefühle auch dadurch verändert hat, beschreibe ich in Kapitel 14.

Ein großes Ärgernis für viele sind Zugverspätungen. Für mich war es im April 2018 ein Glücksfall. Auf der Rückreise von Kanada habe ich einen ICE nur aufgrund seiner Verspätung erreicht und konnte dadurch einen interessanten Menschen kennenlernen. Wir saßen zusammen im Abteil von Hamburg bis Hannover. Erst kurz vor Hannover haben wir die Gemeinsamkeit der Persönlichkeitsentwicklung entdeckt. Es entstand ein loser Kontakt per E-Mail und Telefon, in dem wir uns über positive Psychologie austauschten. Er passt hundertprozentig zu den Menschen, die mir genau im passenden Moment begegnen. Durch ihn bin ich an Audible geraten, bin seinen Hörtipps gefolgt und durfte so wunderbare Erkenntnisse erlangen. Auch der letzte Impuls, tatsächlich dieses Buch zu schreiben, kam von ihm im Telefonat. Denn auch er zitierte die schon oft gehörte Aussage, dass Dinge, die einem wichtig sind, mind. 15 Minuten am Tag wert sind. Gesagt – getan und so habe ich täglich etwas Zeit in das Buch investiert. All seine Speaker- und Videoempfehlungen sind bereichernd und ich werde sie auch noch detaillierter verfolgen. Vor allem die positive Psychologie nach Martin Seligmann wird eins meiner nächsten Themen sein. Diese ist auch Basis für das Herzensprojekt meiner Zugbekanntschaft. Mit www.freudefragen.de (noch in der Entwicklung) arbeitet er an einem tollen Tool, um sich selbst zu motivieren und zu begeistern. Zukünftig werden dich dort ausgewählte Fragen zu mehr Bewusstsein führen, zu mehr Achtsamkeit und zu mehr Lebensfreude. Die Antworten bleiben für die Öffentlichkeit verborgen. Für dich persönlich bleiben sie bestehen wie ein Online-Tagebuch. Nach und nach wird so dein persönlicher Leitfaden in ein noch erfüllteres und lebendigeres Leben entstehen. Und deine Entwicklung kannst du immer wieder nachvollziehen, wenn du frühere Antworten liest. Ein Projekt, das jeden Tag für ein paar Minuten oder auch mehr Freude bringt. Durch seine bildliche Beschreibung hat er in mir auch noch etwas Abenteuerlust entfacht, einmal einen Fallschirmsprung zu wagen. Wenn ich beim Autofahren die Hand aus dem Sonnendach halte und den Druck des Fahrtwindes daran spüre, denke ich nun immer „Aha, so fühlt sich also Fallschirmspringen an..."

Eine Reisebekanntschaft mit jemandem aus Calgary machte ich im Flieger von Toronto nach London vor der Toilette. Er erzählte mir von seinem Reiseplan: Flug Calgary – Toronto –London, Bahnfahrt nach Liverpool, ein Champions League und zwei Premium League Spiele und dazwischen zwei Tage nach Paris... Das Ganze in 9 Tagen... Er hat mir gezeigt, dass sich das Leben mit Leichtigkeit und Leidenschaft lebendig gestalten lässt. Was sind wir Europäer doch manchmal eingeschränkt wenn wir glauben, Amerika lohne sich nur ab drei Wochen...? Leider besteht zu diesem Menschen kein weiterer Kontakt.

Auf meiner ersten Veranstaltung mit Veit Lindau in München – eine wundervolle Erfahrung mit positiven, strahlenden Menschen das Leben zu feiern und Andrea und Veit persönlich zu begegnen – lernte ich ebenfalls jemanden kennen. Wieder eine Begegnung ohne weiteren Kontakt und doch mit Botschaft an mich selbst. Wir unterhielten uns viel über Persönlichkeitsentwicklung und er schätze ich wäre schon Jahre dabei – nein, es war gerade mal ein halbes Jahr... Er zitierte Rüdiger Dahlke mit der Aussage „Einmal machen". Ein schönes Lebensmotto! Statt neuen Dingen ablehnend gegenüber zu stehen lasse ich nun die Neugier zu. Einmal machen geht immer. Und dann schauen, welche Erfahrung daraus resultiert und wie sie sich auf unser Leben auswirkt. In diesem Sinne: Trau dich!

Einfach mal... ... auf einem Kamel reiten (im Circus Moreno)!

> *„Ältere Freundschaften haben vor neuen hauptsächlich voraus, dass man sich schon viel verziehen hat."*
> *Johann Wolfgang von Goethe (1749-1832), deutscher Dichter*

Und dann gibt es noch die Menschen, die mich fast mein Leben lang begleiten. Beispielsweise meine Windelfreundin aus meinem Heimatort. Uns verbindet eine 43-jährige Freundschaft. Es war eine lange Funkstille zwischen uns, durchaus auch meinerseits gewollt. Glücklicherweise lebte über unsere Hunde der Kontakt wieder auf. Es war zu einem Zeitpunkt,

wo mir klar wurde, dass das Geschenk einer lebens-
langen Freundschaft absolut erhaltenswert ist. Der
Kontakt ist selten, doch intensiv. Und bereichernd,
weil wir sehr unterschiedlich sind und wir so gegenseitig neue Perspektiven aufgezeigt bekommen. Wir
sind beide in dem Alter, wo wir die andere nehmen,
wie sie ist. Das erleichtert es ungemein, auch mit
unterschiedlichsten Charakteren eine Freundschaft
aufrecht zu erhalten. Ich kann mich sehr glücklich
schätzen, dass mir an dieser Stelle viele jahrzehnte-
lange Freundinnen in den Sinn kommen, mit denen
ich gedanklich und im Herzen immer verbunden bin,
auch wenn die Treffen überschaubar sind. Freundschaften sind ein hohes Gut, gerade in der heutigen
schnelllebigen Zeit. Weder die Häufigkeit der Treffen
noch die Anzahl der echten Freunde ist bedeutend.
Einzig dass wir den Menschen in unseren Herzen
Dankbarkeit, Freude und Liebe schenken ist für mich
absolut erfüllend und kraftvoll. Und anscheinend
funktioniert eine echte Freundschaft auch ohne den
regelmäßigen Kontakt. Die Verbundenheit ist da und
besteht auf einer anderen Ebene unabhängig von
Telefonaten, E-Mails oder Begegnungen.

Meine Familie, meine Eltern, meine Brüder, meine Neffen und meine Nichte – sie alle bedeuten mir enorm viel. Auch sie erfüllen mich mit Dankbarkeit und Freude. Doch dazu bin ich ja bereits in Kapitel 2 eingegangen.

Die vielen besonderen Begegnungen und Erfahrungen der letzten Monate haben mich zum Strahlen gebracht und ein Feuer in mir entfacht. Viele in meinem Umfeld meinten, ich sei frisch verliebt. Ja, in mich. ;-) Ich sehe es tagtäglich in meinen Augen. Sie strahlen. Auch auf Fotos ist es zu erkennen, dass ich mich verändert habe. Mein wahres lebendiges Wesen ist wieder da und darf sein. Viel mehr, es ist mein Sinn des Lebens. Im Zuge dieser Veränderungen war ich zu 98% glücklich. Ab und keimte, wie schon beschrieben, doch der Wunsch auf, diese Freude mit einem besonderen Menschen an meiner Seite zu teilen. Es fehlte noch das kleine wichtige Quäntchen zum vollständigen Glück. Inspiriert u.a. durch „Heirate dich selbst" und durch die immer wiederkehrenden Impulse bezüglich Manifestation, Transformation, Gesetze der Anziehung und den unerforschten, unbewiesenen Kräften des Universums, habe ich diesem Wunsch Ausdruck verliehen. Ich habe sehr genau im November 2017 notiert, wie meine zukünftige Beziehung mit meinem Seelenpartner aussehen würde. In Gedanken hatte er mich schon gefunden, wir tauschten uns aus, waren uns nah. Im Inneren wusste ich, dass er da ist und auf mich wartet und ich ihn irgendwo treffen werde. Dankbarkeit und Vorfreude auf das, was mich erwarten würde, begleiteten mich Tag für Tag. Etwa ein halbes Jahr später war es dann soweit. Als er in dem Moment vor mir stand, war es im ersten Augenblick für mich alles andere als klar. Wir trafen uns offline auf einem Geburtstag, bis auf die Gastgeberin kannten wir kaum jemanden, durch unsere Hunde hatten wir ein Gesprächsthema. Irgendwas war zwischen uns spürbar, überschattet von Angst vor Enttäuschungen, Freiheitsverlust, Verletzungen, Illusionen. Mir war es wichtig, gleich klarzustellen, in welchem Lebensmodus ich mich befinde und was für mich im Leben Bedeutung hat. Ich habe sehr deutlich gemacht, dass mir nur 2% zum echten Glück fehlten. All meine klaren Worte wirkten alles andere als abschreckend auf ihn. Und so vertrauten wir unseren Herzen, unseren

Seelen und dürfen heute eine traumhafte Zeit miteinander erleben. Ich bin immer wieder erstaunt, wie intensiv die doch nur 2% fehlenden Glücks nun gefüllt werden. Ein wunderbares Erlebnis. Im Detail liefert die noch junge Beziehung vermutlich genügend Stoff für ein weiteres Buch. Für diesen Moment möchte ich vor allem dir Mut zusprechen, zu glauben, zu träumen und bereits heute dankbar zu sein für das, was dein Leben bzw. das Universum noch mit dir vorhat. Dinge werden anders kommen, als du sie vielleicht erwartest. Doch du kannst deine Zukunft gestalten jenseits des rationalen Verstandes. Davon bin ich mittlerweile überzeugt.

Noch ein Gedanke zu Menschen als Inspiration: Menschen wollen gesehen, wahrgenommen werden, so wie sie sind. Oft ist ein achtsames Wahrnehmen des Gegenübers mehr Wert und aussagefähiger, als ein Gespräch. Dazu gehört, dass wir uns urteilsfrei und wertfrei begegnen. Dass wir auf Augenhöge als Menschen kommunizieren. Wenn wir es schaffen, den Schleier von (Vor-)Urteilen und Bewertungen zu lüften, dann wird jede Begegnung wertvoll für uns sein.

Danke, dass du dich bis hierhin durch dieses Kapitel „durchgekämpft" hast und einige mir wichtige Menschen somit kennengelernt hast. Es gäbe sicherlich noch viele weitere Geschichten zu erzählen. Doch für ein Stimmungsbild soll das hier ausreichen. Du weißt nun, dass Begegnungen für mich wichtig sind und dass sie vielleicht auch für dich einiges verändern können. Ich würde mich freuen, wenn es auch dich dazu anregt, die echten Begegnungen mit Menschen als Quelle für Inspiration, Kraft, Liebe und positive Energie zu sehen und zu nutzen. Viel Freude dabei!

> *„Lasst uns nicht nur miteinander, sondern füreinander leben." Yogi Tea® Weisheit*

6   1000 Seiten einer Medaille

Die Weltanschauungen, die Meinungsvielfalt und die unterschiedlichen Wahrheiten sind so vielfältig wie ein schillernder Regenbogen. Und jede hat in irgendeiner Form ihre Berechtigung. Dabei lasse ich die kulturelle Vielfalt, die sprachlichen Barrieren und die Unterschiede zwischen den Ländern dieser Erde noch außer Acht. Allein im Freundeskreis, mit der Partnerin oder mit Kolleginnen lässt sich wunderbar erleben, wie unterschiedlich Situationen, Gesten oder Worte wahrgenommen werden. So habe ich mich beispielsweise stets gewundert, wieso meine Mutti an der Gegensprechanlage immer fragt, ob ich es bin, wo doch nur ich dreimal klingele. Bis mein Freund sagte, dass es gut ist, dass sie fragt. Es könnten ja auch Enkeltrickser unterwegs sein. Diese Perspektive hatte ich bisher außer Acht gelassen. Beobachte einmal in verschiedenen Alltagssituationen, wie die Menschen um dich herum reagieren. Im Stau oder im verspäteten Zug. Die einen sind gelassen, die nächsten zornig und gereizt, andere werden nervös oder feiern den Moment. Nehmen wir einen Stromausfall.

Würde es nur eine Wahrheit, nur eine Glaubensform, eine Denkweise geben, dann würden in solch einer Situation alle Menschen gleich empfinden. Stattdessen gibt es unterschiedlichste Reaktionen: Abenteuerlust, Ruhe, Angst, Nervosität, Ungeduld. Nachdem mir erst einmal bewusst wurde, dass so viele verschiedene Details unsere Wahrnehmung beeinflussen, wurde mir schnell auch klar, dass Begriffe wie „Wahrheit", „richtig" oder „falsch" durchaus dehnbar sind und jede ihre persönliche Wahrheit hat.

> *„Um klar zu sehen, genügt oft ein Wechsel der Blickrichtung." Antoine de Saint-Exupéry (1900-1944), französischer Schriftsteller*

Wenn du es schaffst zu verinnerlichen und zu akzeptieren, dass unterschiedliche Wahrheiten und Ansichten parallel bestehen können, dann wird dein Leben leichter und freudvoller, davon bin ich überzeugt. Zu oft entstehen hitzige Streits, nur weil eine der Gesprächspartnerinnen auf ihren Standpunkt beharrt und die andere ebenfalls unnachgiebig ist. So sind schon Freundschaften auseinander gebrochen und Kriege entstanden. Doch viele Diskussionen erübrigen sich, wenn du bereit bist, dein Rechthaben hinten an zu stellen. Oft habe ich in der letzten Zeit die Frage gelesen und gehört: „Willst du Recht haben oder glücklich sein?" Genau darin liegt aus meiner Sicht ein wichtiger Schlüssel zu Harmonie und Glück.

Natürlich ist es schwierig, Ungerechtigkeiten zu ertragen und hinzunehmen. Für die Gerechtigkeit einzustehen und andere sowie den eigenen Standpunkt zu verteidigen, ist durchaus in Ordnung. Doch schau einmal genau hin, wie viel Energie du dafür aufwendest. Und wie wichtig die gerade diskutierte Sache wirklich ist. Hängt dein Leben davon ab, wie genau die Socken gefaltet werden? Ist das Leben weniger wertvoll, weil der Geschirrspüler anders eingeräumt wird? Stellt es deine Beziehung in Frage, wenn es unterschiedliche Meinungen gibt? Ich denke, die Antworten auf diese oder ähnliche Fragestellungen werden oft überbewertet. Solch Banalitäten können zu großen Streits führen, wenn beide auf ihre Standpunkte beharren. Doch für mich gilt, mich und mein Gegenüber zu respektieren und zu akzeptieren in all ihren Facetten, kann bereichernd sein für das Leben beider. Die Unterschiede können sich wunderbar ergänzen und es lässt sich davon lernen.

„Ein Geheimnis des Erfolgs ist, den Standpunkt des anderen zu verstehen." Henry Ford (1863-1947), amerik. Automobilhersteller

Unsere Erfahrungen, unsere inneren Werte, unsere Vorlieben prägen unsere Gedanken und Handlungen. Daraus entsteht unsere individuelle Wahrnehmung und Meinung. Sehr viel davon haben wir bereits von Kindesalter an gelernt. Wie unsere Eltern miteinander und mit uns umgegangen sind, welche Umgangsformen sie uns gelehrt haben. All das spiegelt sich heute in unserem Handeln und in unserer Wahrnehmung wider. Wurden wir verletzt, enttäuscht oder haben wir schmerzhafte Situationen erlebt, sind auch das wichtige Erfahrungen, die uns immer wieder einholen und unsere Weltanschauung mitbestimmen. Ab und an fühlt es sich an, als würden wir in Parallelwelten leben. Ein und dieselbe Situation wird gänzlich unterschiedlich wahrgenommen. Früher habe ich mich oft darüber aufgeregt, wieso Menschen so realitätsfern sein können. Und ich begegne auch heute so vielen Menschen, die sehr schnell urteilen und dann Andersdenkende abstrafen mit ihrem Groll. Doch ich finde, es darf so sein, die Parallelwelten dürfen nebeneinander existieren. Für mich ist es in Ordnung, unterschiedlicher Meinung zu sein oder an verschiedenen Überzeugungen festzuhalten. Seit ich die Wahrheiten anderer bewusst höre, eröffnet sich mir ein vielfältigerer Blick auf das Leben und unsere Welt. Denn die vielen unterschiedlichen Berichte lassen mich teilhaben an den Erfahrungen anderer, die ich nie machen durfte. Dass mir einige Erfahrungen erspart blieben, dafür bin ich oft sehr dankbar. Viele auf den ersten Blick eigenartige Wahrnehmungen sind aus schlechten Erlebnissen oder tiefen Verletzungen heraus geboren. Schauen wir hier hinter die Kulisse, so wächst unser Verständnis für das Gegenüber. Wir können uns empathischer auf den anderen Menschen einstellen und versuchen, ihre Sichtweise auf die Dinge nachzuvollziehen. Ich empfinde es mittlerweile als echte Bereicherung, unterschiedliche Standpunkte zu hören und anzuerkennen. Auch das gehört für mich zur gelebten Empathie, zum gewaltfreien Umgang miteinander.

Aus meiner Sicht gibt es selten richtig oder falsch. Ausnahmen bestätigen diese Regel. Eindeutig falsch ist für mich, anderen Lebewesen Leid, Schmerz oder gar Tod zuzufügen. Doch in den täglichen Dingen geht es nur selten um „entweder oder" sondern nahezu immer um „sowohl als auch". Pauschal alles in richtig, falsch, gut oder schlecht einzuordnen, schränkt uns ein. Auch wenn wir das Bewerten und Vergleichen bereits in der Schule lernen, so mögen wir uns doch den Blick offen halten für die facettenreiche Vielfalt jenseits von richtig und falsch. Viele Wege führen nach Rom und so sind unterschiedliche Sichtweisen und Handlungsformen für mich absolut in Ordnung. Sie gehören zum Leben dazu.

Diese Haltung zu verinnerlichen und zu leben braucht Zeit. So wie jeder andere Lernprozess auch. Gerade weil in unserer Gesellschaft Bewertungen, Urteile und Vergleiche absolut salonfähig sind und zum Alltag gehören, ist es für uns schwierig, dieses Muster abzulegen. Zumal in Gesprächen oft auch darauf gedrängt wird, eine Position zu beziehen und sie zu verteidigen. Wenn wir dann mit „Du hast Recht" oder „Deine Sichtweise ist auch stimmig" reagieren, dann ernten wir oft Verwunderung oder Unverständnis. Es ist zu ungewöhnlich, dass Menschen kommunizieren ohne auf ihren Standpunkt zu beharren. Doch probiere es gern einmal aus. Wenn du in einer nächsten Diskussion merkst, dass du unbedingt Recht haben möchtest, dann halte kurz inne. Hör deinem Gegenüber zu und versuche, ihre Sichtweise zu verstehen. Und dann versuche die Diskussion dahin zu lenken, dass ihr beide eure Meinung behalten dürft und gegenseitig respektiert.

Wenn Bewertungen wie „richtig" oder „falsch" weniger dein Leben bestimmen, dann werden jegliche Beziehungen und Begegnungen leichter und freudvoller. Es gibt kaum noch Reibungspunkte. So habe ich es erlebt. Es mag sein, dass es Dinge gibt, die ihr verbessern könntet. Das wird dann erreicht, wenn beide die Verbesserung erkennen und gemeinsam kreieren. Doch oft, wenn wir auf unserem Standpunkt beharren, wollen wir andere verändern. Das funktioniert selten und hält meist nur eine befristete Zeit lang an. Wertschätze das Individuum, das dir gegenüber steht mit all ihren schillernden Facetten. Dann wirst du in deinen Freundschaften und

Beziehungen eine neue Ebene, eine neue Tiefe erreichen. Klingt langweilig? Glaube mir, wenn du erstmal von dem Negativ-Gesprächsstoff weg bist wird
es dir leicht fallen, dich über so viele schöne Dinge zu
freuen und zu unterhalten. Es wird auf gar keinen
Fall langweilig sondern nur intensiver.

Ein Beispiel aus meinem Leben habe ich natürlich
noch. Eine meiner lieben Freundinnen und ich (in
Kapitel 5 schon erwähnt) sind von Grund auf verschieden. Ich mag es locker, sie steigt ein in die Tiefe,
wenn sie ein Thema interessiert. Ich bin ein spru-
delnder Quell, komme schnell in Kontakt, vertraue
auch (zu) schnell. Sie ist skeptisch und vorsichtig,
braucht Zeit, sich zu öffnen. Wir sind absolut gegen-
sätzlich und eine Freundschaft zwischen uns wäre
schwierig, wenn wir auf unsere Standpunkte beharren würden. Keine von uns beiden hat je versucht,
die andere zu verändern oder zu verbiegen, ihre
Meinung und ihren Glauben aufzudrücken. Stattdessen, und das finde ich wunderbar, haben wir uns
gegenseitig verbessert. Unbewusst, unterschwellig.
Während ich von ihr mehr Präzision und Geduld
lerne, lässt sie öfter mal ein wenig locker und kann

sich schneller öffnen. Ich nehme an, solch fruchtbare Beziehungen sind gemeint, wenn Coaches und Autoren von „Co-Kreationen" sprechen.

Ich wünsche dir ganz viel Erfolg beim „um die Ecke denken" und dem Zulassen anderer Wahrheiten. Es wird dein Leben bereichern und erleichtern, da bin ich mir sicher.

Die Sonne in meiner Hand... wahr oder falsch? ;-)

7   Von der Angst

Ein wenig unwohl fühle ich mich, dieses Kapitel in mein Buch aufzunehmen. Denn ich bin glücklicherweise ein Mensch mit sehr wenig Ängsten und sehe vielleicht daher viele Dinge gelassener und leichter. Jedoch gibt es auch viele ängstliche und sorgenvolle Menschen in meinem Umfeld, teils sogar krankhaft. Wer also mit starken Ängsten zu kämpfen hat, der wende sich bitte an die entsprechenden Fachleute und lässt sich dort helfen. Dieses Kapitel befasst sich nur mit oberflächlichen, alltäglichen, in der Regel unbegründeten Ängsten und Glaubenssätzen, die doch eine große Macht haben, uns auszubremsen und zu blockieren.

Über die Angst habe ich in vielen der in den Literaturtipps genannten Bücher gelesen und wurde von ihnen inspiriert (s. S. 205). Auch Angst lässt sich aus ganz vielen verschiedenen Blickwinkeln betrachten. Besonders interessant finde ich die genauere Betrachtung der körperlichen Reaktion. Was passiert mit uns, wenn wir Angst bekommen? Die Hände werden feucht, der Herzschlag wird höher, ein flaues Gefühl im Magen entsteht, der Hals ist wie zugeschnürt. Hattest du schon mal Lampenfieber? Da sind es die gleichen Symptome, die entstehen. Mir ist es so ergangen, bevor ich zum ersten Mal noch in meinem alten Job in einer Livesendung auf die Bühne musste. Ja, Lampenfieber ist auch eine gewisse Angst. Allerdings mischen sich da aus meiner Sicht auch Vorfreude und Euphorie mit rein. Tatsächlich ähneln sich die rein körperlichen Empfindungen von Angst und Euphorie. Nehmen wir an, du möchtest jemanden ansprechen und verspürst die Angst. Wie würde der Abend wohl verlaufen, wenn du dir vermitteln könntest, dass statt Angst die Freude auf das bevorstehende Kennenlernen für weiche Knie sorgt? Aus meiner Sicht könnte sich das Umdenken lohnen und es ist durchaus wert, es einmal auszuprobieren. Was hast du zu verlieren?

Angst kann oft auch ein Warnsignal sein für etwas Neues, Ungewohntes, das uns bevorsteht. Ob wir dieses Neue dann positiv oder negativ bewerten, liegt einzig an uns. Veränderungen machen uns häufig nervös, verursachen erst einmal ein unruhiges

Gefühl in uns, eine gewisse Angst. Wir können dieses Gefühl annehmen, uns für die Warnung bedanken und weitermachen. Oder wir lassen uns von der Angst bremsen und wagen keinen weiteren Schritt nach vorn. In den meisten Fällen stehen aus meiner Erfahrung die Chancen sehr gut, dass sich die Angst auflöst und sich die neue Gegebenheit als positiv erweist. Ich habe mich entschieden, lieber ein Risiko einzugehen und damit die Chance für mehr Lebendigkeit im Alltag aufrecht zu erhalten, anstatt mich zurückzuziehen und alles wie bisher zu machen. Doch tatsächlich kommt auch bei mir immer mal wieder das Leben dazwischen. Da gibt es ein paar Wellen und Turbulenzen oder Nebenwirkungen und schon ist Angst da. Kaum zu steuern, kaum zu verhindern. Für mich ist es dann wichtig, im aktuellen Moment zu bleiben. Wenn das Gedankenkarussell erstmal los legt mit „was wäre wenn" sind auch bei mir unruhige Zeiten und schlaflose Nächte vorprogrammiert. Wenn ich es schaffe, im Hier und Jetzt zu bleiben, dann hat die Angst wenig Nährboden und verschwindet oft schnell wieder. In den letzten Monaten gab es da tatsächlich eine intensive Trainingsphase für mich. Ich nehme an es war eine Nebenwirkung der Pille. In jedem Fall konnte ich eine ganze Zeit lang gegen innere Stimmen ankämpfen, die mir mein freudvolles, glückliches, leichtes Leben madig machen wollten. Es war schon sehr spannend quasi von außen zu beobachten, wie intensiv sich der vermeintlich schlaue Verstand in die eigene Lebensplanung einmischen kann. Doch mit einem wachen Geist und starkem Willen können wir diesen unberechtigten Bangemachern gut entgegen wirken, auch wenn es anstrengend ist.

> *„Mut steht am Anfang des Handelns, Glück am Ende." Demokrit (ca. 460 v.Chr.-371 v. Chr.) , griechischer Philosoph*

Wie oft hast du dir nach manchen durchgestandenen Situationen schon gedacht, wie überflüssig doch die Angst war? Ich kenne das auch. Gerade wenn mein Unterbewusstsein mal wieder aktiv ist und mir Zukunftsängste schickt, führt das gern mal zu schlaflosen Nächten. Der Verstand ist klar und weiß, dass die Ängste unberechtigt sind. Doch kreisende Gedanken sind schwierig zu stoppen. So finde ich es für mich wichtig, immer mal zu schauen, ob die Angst berechtigt ist. Und auch rückblickend zu schauen, wie die Situation ausgegangen ist.

Ein spannendes Erleben ist auch, wenn du dich einmal bewusst deiner Angst stellst. Du spürst sie beispielsweise in einem Moment, wo du jemanden ansprechen möchtest oder du in einer Diskussion einen bestimmten Standpunkt beziehen willst. Die Angst kriecht in dir hoch, schnürt die Kehle zu, verhindert das Sprechen oder eine Bewegung. Und dann traust du dich, du gehst einen Schritt weiter, nimmst all deinen Mut zusammen und sprichst aus, was in dir steckt. Mir ist es so ergangen, dass sofort die Angst weg war. Wie weggezaubert. Stattdessen entstand ein Gefühl der Erleichterung und es gab Folgemomente ohne unangenehme Konsequenzen. Im Gegenteil. Die Klarheit in den Worten oder in der Situation machte die weitere Kommunikation viel leichter. Probiere es aus und wage den Schritt ins Unbekannte. Fang mit kleinen Schritten an und lerne, deine Angst als Freund und Helfer anzuerkennen ohne dich von ihr bremsen zu lassen.

Und hör auf dein Herz statt auf deinen Kopf. Eine solche Situation hatte ich erst kürzlich bei der ersten

Begegnung mit meinem Liebsten. In mir herrschte große Angst, dass ich ihn verletzten könnte, denn auf den ersten Blick wirkten wir so verschieden. Er hatte genauso große Angst, wieder verletzt zu werden, doch unsere Seelen, unsere Herzen waren vom Gegenteil überzeugt. Hätten wir auf den Kopf gehört, wären wir im Verstand erstickt. Unsere Seelen und unsere Herzen waren stärker und haben uns das wunderbare Geschenk einer einzigartigen Beziehung beschert.

Angst oder Liebe[14] – wähle in jedem Moment deine Motivation, nach der du handeln möchtest. Für mich wird es nur noch den einen Weg geben. Ich möchte in Liebe und Freude leben. Wir, die wir in einem sicheren Land leben und gut sozial abgesichert sind, haben eigentlich keine berechtigten Ängste. In unserem Alltag gibt es doch eher sehr selten wirklich lebensbedrohliche Situationen. Daher ist es gut, wenn wir lernen, bewusster mit Ängsten umzugehen. Sie anzunehmen und mit ihnen zu leben, anstatt sich von ihnen leiten zu lassen. Höhen und Tiefen wird es

---

[14] Inspiriert u.a. von Thich Nhat Hanh, 2014. *Gut sein und was der Einzelne für die Welt tun kann* [Hörbuch], O. W. Barth Verlag

immer geben. Und auch Lebensmomente, in denen es uns schwerfällt, angstfrei zu sein und unsere Gedanken bewusst zu steuern. Doch wenn unsere grundsätzliche Einstellung ein angstfreies Leben zulässt und fördert, dann wird es aus meiner Sicht nach und nach leichter, Ängsten Paroli zu bieten.

„Eine Aufgabe des Lebens ist es, sich zu kennen, zu lieben und zu vertrauen." Yogi Tea® Weisheit

8   Vom Leid

Auch bei diesem Thema hätte ich nie gedacht, dass es einen Platz in meinem Buch finden würde. Schließlich möchte ich glücklich sein, Freude verbreiten und Menschen auf ihrem Weg zum Glück unterstützen. Doch spätestens seit dem Hörbuch „Gut sein und was der Einzelne für die Welt tun kann"[15] von Thich Nhat Hanh (eine zu-fällige Empfehlung von meiner Zug-Bekanntschaft) habe ich verstanden, dass Leid dazu gehört, um Glück zu erfahren und zu verstehen. Wie Himmel und Erde, hell und dunkel, Licht und Schatten ist eben auch Glück und Leid ein sich bedingendes und unzertrennbares Gegensatzpaar. Das eine hätte ohne dem anderen keine Existenz. Würde es kein Leid geben, wäre Glück unverständlich.

Ich habe mich sehr schwergetan, das zu akzeptieren. Zumal ich gerade in der Anfangsphase meiner

---

[15] vgl. Thich Nhat Hanh, 2014. *Gut sein und was der Einzelne für die Welt tun kann* [Hörbuch], O. W. Barth Verlag

Entwicklung sehr oft Menschen begegnet bin, die aus einer tiefen Lebenskrise heraus ihren neuen Weg begonnen haben. Häufig vermittelten sie mir das Gefühl, dass man erst glücklich sein kann, wenn man mal am Boden lag. In diesen Kreisen habe ich mich oft gefühlt wie ein Alien, als hätte ich keine Berechtigung, dazuzugehören, glücklich zu sein. Viele mögen wirklich erst den freudvollen Weg sehen, wenn sie am Boden waren. Es geht jedoch auch anders. Oder wie meine Freundin aus München in diesem Zusammenhang sagte „Vielleicht bist Du mit Krisen anders umgegangen".

Ja, auch in meinem Leben gab es einige Veränderungen, die durchaus schmerzhaft waren. Rückblickend gefühlt waren es jedoch nie allzu große Lebenskrisen. Daher hängen für mich Leid und Glück zwar zusammen, doch die Größe des einen ist letztendlich unabhängig von der Tiefe des anderen. Ich bin mir sicher, dass es keine Garantien dafür gibt, dass du, je mehr du leidest, auch mehr Glück erfahren wirst. Stattdessen ist das Leid, was wir uns oft selbst antun, aus meiner Sicht verschwendete Lebenszeit und Lebensenergie. Denn wie viel besser fühlt es sich an, positiv in die Zukunft zu schauen, ins Tun zu kommen und das Hier und Jetzt wahrzunehmen? Statt sich in ein Schneckenhaus oder unter dem Kopfkissen zu verkriechen und zu schimpfen, wie schlecht es das Leben und die Welt mit uns meint. Auch wenn letzteres häufig der bequemere Weg ist mit den geringsten Widerständen.

> *„Mitfreude, nicht Mitleiden macht den Freund."*
> *Friedrich Nietzsche (1844-1900), dt. Philosoph*

Auch für mich war das ein Lernprozess. Schon immer positiv geprägt, habe ich viele schmerzliche Situationen im Nachhinein schnell verarbeitet oder ausgeblendet. So hatte ich erst vor kurzem eine sehr berührende Erkenntnis, zu der mir ein außergewöhnlicher Mensch verholfen hat. Das Wissen, dass auch ich in mir einen tiefen Schmerz trage. Ein Schmerz, der gerade heilt und dessen Narben am Herzen noch recht frisch sind. Die Erkenntnis, dass ich mein wahres Ich, mein wahres Leben, all das Glücksgefühl von dem ich in diesem Buch schreibe, mir viel zu lange selbst verwehrt habe. Es gab auch Verletzungen von außen, keine Frage. Doch den eigentlichen tiefen Schmerz, das Bedauern fehlender Lebensfreude, habe ich einzig und allein mir selbst zugefügt. Das lag nur in meiner Verantwortung.

So bin ich heute eher dazu bereit, mir auch Schmerz und Leid einzugestehen. Auch Schattenseiten gehören im Leben dazu. Doch lenken und leiten lasse ich mich vom Licht, von Zuversicht, Vertrauen, Freude und Liebe. Das Fühlen von Schmerz und Traurigkeit gehört zum Leben dazu. Jedoch ohne die wichtigeren Dinge und die schönen Momente des Lebens auszubremsen oder gar zu verhindern. Diese Einstellung ist aus meiner Sicht übrigens keine Schönrederei. Ich möchte das Gute im Leben sehen, auch in den kleinen Momenten, und doch sind mir auch die Schattenseiten und die Probleme in unserer Welt bewusst. Jeder Tag, den ich positiv verbringen kann, an dem ich lache, mich an den schönen Momenten erfreue und Leichtigkeit spüre, ist ein guter Tag. Jedes Lächeln verschönert das Leben. Ich bin überzeugt, dass es nie zu viele schöne Zeiten im Leben geben kann. Warum also Trübsal blasen und negative Nachrichten verbreiten, wenn es auch anders geht?

Vorbild aus der Natur: So lange noch etwas Lebenskraft da ist, lohnt es sich, weiterzumachen!

Natürlich gibt es auch bei mir die Schattentage. Wenn es Hiobsbotschaften gibt, beispielsweise dass ein lieber Mensch an Krebs erkrankt ist. Wenn das Leid der Welt uns einholt. Wenn Traurigkeit uns übermannt durch den Verlust eines geliebten Lebewesens. Da ist es in Ordnung, sich fallen zu lassen und die Trauer, den Schmerz und die scheinbare Ungerechtigkeit zuzulassen. Spüren, fühlen, Anteil nehmen. Sich Zeit erlauben, um die Dinge anzunehmen. Das fehlt leider meistens. Und dann ist es eine Wahl, die jede hat, wie sehr die traurigen Elemente unseres Daseins unser Leben beeinflussen. Schau dich um. Es gibt sicher auch in deinem Umfeld die Kämpferinnen, die trotz Krankheit oder Schicksalsschlag wie ein Stehauf-Frauchen agieren. Die die Regentage des Lebens als Erfrischung feiern und immer wieder voranschreiten. Sie schaffen es, weil sie sich für das Leben und für den positiven Blick entschieden haben. Statt Probleme zu bekämpfen oder zu verleugnen sehen sie die Herausforderungen, die sie annehmen. Das sind Menschen, die durch ihren Willen, ihre Energie und ihre Positivität faszinieren.

Ich bin ein Typ, die die Dinge auf sich zukommen lässt. Wenn ich eine schlechte Nachricht höre oder es eine Information gibt, dass sich etwas negativ entwickeln könnte, dann warte ich meistens ab. Gedanken, wie ich die möglichen Probleme in den Griff bekomme, kann ich mir dann machen, wenn die Situation eingetreten ist. Es gelingt mir meistens, die Gelassenheit zu behalten und mir den Tag wenig vermiesen zu lassen. Das ist sehr angenehm, denn es erspart mir Stress, schont meine Energiereserven und sorgt dafür, dass ich in der jeweiligen Situation einen klaren

Blick behalte. Vielleicht wird das von Außenstehenden auch mal als kaltherzig wahrgenommen, doch insgesamt fühlt sich diese Einstellung sehr gut für mich an.

„Fröhlichkeit ist nicht die Flucht vor der Traurigkeit, sondern der Sieg über sie." Gorch Fock (1880-1916), deutscher Schriftsteller

Es kann sein, dass du dieses Buch in einer ernsten Lebenskrise liest. Dann mögen dir einige Zeilen wie Hohn vorkommen. Das ist von mir ungewollt. Ich möchte nur aufzeigen, dass wir selbst entscheiden, wie wir mit Leid umgehen. Auch dazu gibt es viel in den bereits genannten Büchern zu lesen. Unser Schicksal können wir nur bedingt beeinflussen, doch wir haben tagtäglich die Wahl, wie wir damit umgehen. Wir entscheiden, was wir denken und wie stark uns Situationen belasten. Es ist leichter gesagt als getan, dessen bin ich mir bewusst. Doch es ist lohnenswert genauer hinzuschauen, ob das Drama, das gerade in unseren Gedanken entsteht, real ist. Wenn es uns zu arg beutelt und die negative Stimmung schier unüberwindbar scheint, dann lohnt sich ggf. auch ein Besuch beim Arzt. Der Mangel an bestimmten Vitaminen oder Spurenelementen, wie Vitamin D3, Vitamin B12 oder Eisen, kann Ursache für depressive Stimmungen sein. Die Behebung dieser Mangelerscheinung kann Wunder bewirken.

In diesem Zusammenhang passt die Aussage meines Zwillingsbruders mit Blick auf seine Partnerin „Meine Lösung muss nicht ihre sein". Was bei mir funktioniert, ist für dich vielleicht wenig hilfreich. Mein Weg, mit Leid, Krisen, negativen Impulsen umzugehen ist nur ein Weg. Es gibt sicher hunderte Lösungsansätze. Doch gern fordere ich dich auf, beim nächsten Mal genauer hinzuschauen, wenn du das Gefühl hast, die Welt sei gegen dich. Wie schlimm ist es wirklich? Bist du gesund, hast du ein Dach über dem Kopf, einen gefüllten Kühlschrank, sauberes Wasser und vielleicht noch Menschen, die dir zuhören? Dann bist du privilegiert, dir geht es deutlich besser als tausenden oder Millionen Menschen auf der Welt. Versuch das im Blick zu behalten, wenn du deine persönliche Situation bewertest.

9 Gesunde Oberflächlichkeit

Jetzt wird es interessant. ;-) Ich habe für mich den Begriff „gesunde Oberflächlichkeit" kreiert. Ich bin so vielseitig interessiert, so neugierig auf das Leben, die Menschen, die Wunder dieser Welt, dass ich möglichst viel davon entdecken möchte. In einem lebendigen Leben mit begrenztem Zeitbudget gilt es da schon genau zu schauen, wie viel Zeit und Energie in welche Themen gesteckt wird. Die gesunde Oberflächlichkeit bedeutet für mich, dass ich überall reinschnuppern kann ohne in Details und Theorie zu versinken. Ausprobieren, versuchen, machen ohne lange nachzudenken. So wie eine Begegnung auf meiner ersten Veranstaltung mit Veit Lindau die Aussage von Rüdiger Dahlke zitierte: „Einmal machen". Wenn du offen bist für das Leben, dann begegnen dir unheimlich viele Dinge, die es sich zu machen lohnt. Auch wenn es nur einmal ist. Ausprobieren ohne lange vorher abzuwägen ist ein Teil der gesunden Oberflächlichkeit.

Interessanterweise habe ich dabei festgestellt, dass sich mit der Zeit Wissenstiefe in bestimmten Bereichen ganz von alleine einstellt. Durch das reinschnuppern in die Themen wirst du offen für die Informationen, die es dazu zusätzlich im Umfeld gibt. Nach und nach erreichen sie dich und setzen sich wie Puzzleteile zusammen zu einem großen, tieferen Bild. So ging es mir beispielsweise zum Thema Ernährung (siehe auch Kapitel 10). Auch alles, was wir unter Persönlichkeits- oder Selbstentwicklung fassen können, hat mich über diesen Weg erreicht. Ich habe rein geschnuppert, erste Gedanken gehört, den Fokus auf dieses Thema gelegt und damit einen Stein ins Rollen gebracht. Auf einmal ploppten alle möglichen Dinge auf, ich begegne den passenden Menschen und die Informationen greifen wie Zahnräder in einander. Die Entwicklung ist sehr dynamisch und faszinierend. Teilweise sogar etwas verwirrend, da sich zu-fällig alles in die passende Richtung bewegt. Hilfreich sind in diesem Zusammenhang die informativen Ted Talks (englischsprachig, www.ted.com/#/) oder Videos von Gedankentanken (www.gedankentanken.com). In 15 bis 20

Minuten werden die verschiedensten Themen spannend und informativ erklärt.

Während der eine oder andere vielleicht von zu vielseitigem Interesse überfordert ist, so empfinde ich es bereichernd und erfüllend. Ich habe keinen Druck, alles im Detail zu verstehen oder kennenzulernen. Stattdessen konsumiere und genieße ich die Vielfalt unserer Welt. Es ist für mich jedoch genauso stimmig, sich auf wenige Dinge zu konzentrieren und in die Tiefe einzusteigen. Jeder nach seinem Geschmack.

Jetzt könntest du sagen, dass ich es mit dieser lockeren Einstellung nie schaffen werde, Dinge richtig zu machen. Stimmt. Zumindest in Teilen. Denn erstens entscheidet jeder selbst, was er für richtig und falsch empfindet. Siehe Kapitel 6. Und zweitens besteht keine Notwendigkeit, überall perfekt zu sein. Perfektion ist ohnehin eine Illusion – siehe auch Kapitel 13. Im Gegenteil. Im Rahmen meiner GFK Ausbildung (Gewaltfreie Kommunikation) kam die Aussage „Perfektion kann man kaufen, Herzblut nicht." Genauso ist es. Mach etwas mit Leidenschaft, lass dich begeistern, sei offen und schau, was dein Herz erfreut. Wenn du das, was das Leben zu bieten hat, genießt wie Tapas, ist es wunderbar. Wenn du lieber ein 5-Gänge-Menü mit Tiefgang wählst, ist das fantastisch. Lass Leidenschaft entstehen, dann passt der Weg. Das, was dir gefällt und Freude bereitet ist dein Maß der Dinge.

> *„Wenn du ein Problem hast, versuche es zu lösen. Kannst du es nicht lösen, dann mache kein Problem daraus." Buddha*

Und weil es mir solche Freude bereitet, habe ich noch einen Begriff kreiert: die liebevolle Ahnungslosigkeit. Das kam mir in den Sinn, als ich meine Tomatenpflanzen beschnitten habe. Ich hatte keine Ahnung, welche Triebe zu entfernen sind, damit sie kraftvoll wachsen. Doch ich handelte liebevoll ahnungslos mit einer wohlwollenden Absicht und so hatte ich tatsächlich gedeihende Tomaten. Daher, wenn sich etwas gut anfühlt, dann probiere es aus. Viele Wege führen nach Rom. Auch Deiner wird ein passender sein.

10   Wohlfühlen im eigenen Körper

Gehörst du auch zu deinen größten Kritikern? Stehst du oft vorm Spiegel und ärgerst dich über Falten, graue Haare oder Speckrollen? Fällt es dir schwer, Komplimente und liebe Worte anzunehmen und zu glauben? Willkommen im Club! Ich denke, jeder von uns kennt die Momente des Selbstzweifels. Der Blick auf uns selbst erfolgt oft mit dem Fokus auf vermeintlich unzureichende Dinge. Anzunehmen, dass uns jemand hübsch und attraktiv findet, fällt oft schwer. Doch das Wohlfühlen im eigenen Körper, die bedingungslose Selbstliebe, ist für mich ein Schlüsselelement für das Glück.

Das Wohlgefühl für den Körper entsteht aus Selbstliebe und stärkt die Selbstliebe, so habe ich es erlebt. Auch hier gilt es, erst einmal anzunehmen, was ist. Wenn du schon alle möglichen Diäten ausprobiert hast, dich immer wieder versuchst zu verändern, um in das Bild der anderen zu passen, dann halte jetzt mal kurz inne. Frag dich, wie wichtig die Meinungen der anderen wirklich sind? Zumindest die kritischen, negativen Bemerkungen. Hat der Blick auf das Äußere irgendeine Aussagekraft, was für ein Mensch du bist? Was sagt die Optik über deine inneren Werte, deine Liebe, deine Ehrlichkeit aus? Und was geht dir wirklich verloren, wenn du lebst ohne es den pessimistischen, kritischen Menschen recht zu machen?

Dies ist kein Plädoyer dafür, dich gehen zu lassen und deinen Körper außer Acht zu lassen. Im Gegenteil. Ich habe festgestellt, dass ich durch mehr Selbstliebe auch besser auf meinen Körper achte. Ich spüre stärker hinein, was mir gut tut und lasse Dinge weg, die mich belasten. Veränderungen kamen dann bei mir ganz von alleine (siehe Kapitel 11) und ganz ohne Druck. Das war wichtig für meine Entwicklung.

Beginne also erst einmal damit, dich anzunehmen, so wie du bist. Finde die positiven Eigenschaften in dir und lass Selbstliebe entstehen. In Bezug auf den Körper schau, welche Besonderheiten du hast. Es sind bestimmt viele. Eine zarte Haut, leuchtende Augen, ein ehrliches Lachen, kleine Füße, starke Hände, breite Schultern. Schau mal genauer hin. Da mir bewusst ist, dass viele anfangs die Äußerlichkeiten als

Anker sehen, schaue ich in diesem Moment tatsächlich nur darauf, wo bei mir Äußerlichkeiten normalerweise absolut unwichtig sind. Die inneren Werte, das Warum und wie du lebst, sind bedeutender, doch oft auch schwieriger zu erfassen.

Fang an, dich in deinem Körper wohlzufühlen ganz ohne Druck. Fang an ohne Diät, Ernährungsplan, Stoffwechselkur oder was auch immer dir dem Anschein nach gute Freunde oder versierte Verkäufer empfehlen. Denn so lange dir die Selbstakzeptanz fehlt, so lange werden aus meiner Sicht jegliche Versuche von Diäten und Co. fehlschlagen. Übrigens gilt das sicher auch für Menschen, die zu dünn sind. Ich war früher nie in dieser Liga. Doch auch wenn du zu dünn bist, wird dir Selbstliebe vermutlich auf deinem Weg helfen können und zu einem achtsamen Umgang mit dir und deinem Körper führen.

Beginne wieder stärker auf deinen Körper zu hören. Was tut dir gut? Das ist eine andere Frage als „Was schmeckt dir?"! Mir ging es beispielsweise bei Süßigkeiten so. Gerade in stressigen Zeiten habe ich sie inhaliert. Klar, geschmeckt haben sie. Ebenso wie Kaffee. Doch irgendwann hatte ich das Gefühl, dass mir dieser Konsum eher Energie raubt. Es war ein schleichender Prozess, doch ich bin dabei Kaffee und Süßigkeiten größtenteils aus meinem Speiseplan zu verbannen. Ausnahmen bestätigen auch diese Regel.

> *„Andere beherrschen erfordert Kraft. Sich selbst beherrschen fordert Stärke." Laotse (3. od. 4. Jh.v.Chr.), chinesischer Philosoph*

„Iss, wenn du Hunger hast, trink, wenn du Durst hast, schlafe, wenn du müde bist." Diese Aussage begegnet einem immer wieder im Zusammenhang mit Achtsamkeit. Beim Schlafen bin ich durchaus ausbaufähig, doch gerade das mit dem Hunger war für mich eine wichtige Erkenntnis. Darauf zu achten, auch mal wieder Hunger zu spüren und vielleicht eine Weile auszuhalten, das tut mir gut, erdet und ist aus meiner Sicht die logischste Ernährungsweise. Auch diesen Ansatz versuche ich noch stärker in mein Leben einzubringen, situationsbedingt mit wechselhaftem Erfolg. Wobei es gleichermaßen wichtig ist, genug zu essen. Wenn das Hungergefühl abtrainiert ist im Sinne von zu wenig essen, dann kann sich schnell eine Abwärtsspirale entwickeln. Sicher ist es da besser, einen Expertenrat einzuholen. Ich gestehe, ich stelle mich jeden Tag auf die Waage. Damit möchte ich gern meine Wahrnehmung schulen. Mein Appetit ist oft größer als mein Hunger. Das Hungergefühl ist über Jahre hinweg etwas abtrainiert worden. Und auch die Sättigung habe ich oft ignoriert und noch weiter gegessen, weil es geschmeckt hat. Nun nehme ich die Waage zur Hilfe, um meine Körperwahrnehmung zu verbessern und noch besser zu beobachten, wie ich mit meinem Körper umgehe. Erstaunlicherweise stimmen mittlerweile Wahrnehmung und Aussage der Waage oft genau überein.

Doch wohlfühlen im Körper ist mehr, als nur auf Ernährung zu achten oder ein bestimmtes Gewicht zu erreichen. Als mein Coach mir sagte „ich lasse es mir heute gut gehen" war das anfangs für mich schwierig zu verstehen. Was meinte er damit? Er meinte Kochen, Spazieren gehen, ein Bad nehmen, Musik hören. Dinge bewusst machen, die unsere Seele wärmen und stärken. Da ist jeder ganz individuell aufgestellt. Horch in dich hinein und spüre, wann du dich wohlfühlst, was dir Energie und Freude bereitet. Ich bin mir ziemlich sicher, dass der Fernseher in diesem Zusammenhang nur selten an erster Stelle steht. Als ich die Worte des Coaches für mich verstanden hatte, war es klar. Tanzen, Singen, draußen sein, Menschen begegnen, Kochen. All das sind die Dinge, die mir Freude bereiten. Dinge, die Freude bereiten, sind keine Wissenschaft und kosten meistens auch kaum Geld. Was uns Wohlbefinden schenkt ist schon da und wir brauchen es nur nutzen.

Wenn auch hier mal wieder das Leben dazwischen kommt, entspann dich. Die Ideallösung eines gesunden, achtsamen, erfüllten Lebens lässt sich vermutlich nur selten 365 Tage im Jahr leben. Es gibt stressige Situationen oder veränderte Lebensumstände, in denen eine gesunde Ernährung, ausreichend Schlaf und genügend Bewegung in der Priorität nach hinten rutschen. Unsinnig wäre es, sich dadurch zusätzlich unter Druck zu setzen und sich gar einzureden, man wäre schwach, undiszipliniert oder unfähig. Mir ist es genauso ergangen. Das Leben hat sich verändert und viele gute Vorsätze waren eine Zeit lang kaum einzuhalten. Abgesehen vom etwas unwohleren Körpergefühl kam auch das schlechte Gewissen auf. Der innere Kritiker, der jede unbedachte Versuchung aufzählte und mir das Leben madig machte, war stark. Er hatte bei mir eine wichtige Aufgabe, nämlich zu verhindern, dass ich abrutsche in alte Muster. Daher konnte ich ihn durchaus begrüßen, auch wenn er oft genug nervte und mir doppelten Stress bereitete. Ich arbeite daran, dass diese Phasen auch wieder vergehen und dass sie seltener werden. Dann lässt sich ein guter Weg finden und mein Wohlbefinden lässt sich so nach und nach noch verstärken.

Was mir dabei hilft und was ich versuche, öfter anzuwenden, ist druckerzeugende Sätze umzuformulieren. Beispielsweise „Ich muss weniger essen" formuliere ich im Kopf um in „Ich esse, wenn ich Hunger habe". Oder „Ich gebe zu viel Geld aus und muss sparen" habe ich umformuliert in „Ich bin fleißig und kann mir daher meinen Lebensstandard leisten". Ich finde es aktuell sehr interessant, wie sich diese rein gedanklichen Veränderungen auswirken. In jedem Fall ist weniger innerer Druck da, weniger Selbstkritik und negative Energie. Allein das sorgt schon für eine entspannte Lebenszeit.

Ich bin gespannt und würde gern wissen, was du für dich entdeckt hast, was dir Freude und Wohlgefühl bereitet. Und was mit dir passiert, wenn du anfängst, diese Dinge nach und nach stärker in dein Leben zu integrieren. Berichte mir gern, ich würde mich freuen.

> *Eigentlich wollte ich dieses Kapitel in weiblicher Form schreiben. Doch das Thema „Wohlfühlen im Körper" ist ein unisex Thema. Der Text in weiblicher Form hatte für mich eine irreführende Gewichtung.*

11 Veränderungen entstehen lassen

Etwas verändern zu wollen ist eine wertvolle Wahrnehmung. Immerhin haben wir dadurch schon etwas erkannt, was uns eher negativ beeinflusst und für unser Leben wenig hilfreich ist. Doch oftmals setzen wir uns unter Druck. Die Vorsätze für das neue Jahr sind nur selten wirklich einzuhalten. Veränderungen nachhaltig zu etablieren, dafür braucht es aus meiner Sicht vor allem Freude am Sein, Vorfreude auf das was kommt und Zeit. Sei geduldig mit dir und freu dich über kleine Schritte. Selbst wenige Millimeter in die gewünschte Richtung werden langfristig auch zu einem Weg.

Wenn du dir jetzt sagst „eigentlich bin ich doch zufrieden" dann geht es dir wie mir zu Beginn meiner Entwicklung. Der Wunsch nach Veränderungen war kaum ausgeprägt. Ich war zufrieden und glücklich, hatte mein Leben für mich schön gestaltet. Doch die immer wiederkehrenden Impulse aus verschiedenen Quellen, Veränderungen zuzulassen und sich zu entwickeln, waren stark. Ein wichtiges „Tool", das ich anfangs viel zu schwach eingeschätzt hatte, habe ich aus dem Buch „Heirate dich selbst"[16] von Veit Lindau. Dort gibt es die Anweisung, sich einen Zettel gut sichtbar aufzuhängen mit dem Satz: „Die Minuten-Revolution hat begonnen! Ich hole mir mein Leben zurück! Heute – jetzt!" Als ich das gelesen hatte, fand ich das noch übertrieben. Schließlich lebte ich doch mein Leben, was wäre da noch zurückzuholen? Doch ich habe es getan und bin verblüfft, was daraus entstanden ist. Der Zettel hing lange Zeit an meinem Kühlschrank und wird garantiert weiterhin an einer sichtbaren Stelle bleiben. Denn die Entwicklung, die sich mit diesem Zettel, mit dieser Weisheit eingestellt hat, ist grandios. Dieses Buch ist ein Ergebnis.

> *„Ein Traum ist unerlässlich, wenn man die Zukunft gestalten will." Victor Hugo (1802-1885), französischer Schriftsteller*

Um Veränderungen zuzulassen ist es unwichtig genau zu wissen, ob etwas richtig oder falsch ist. Abgesehen davon, dass es unterschiedliche Wahrheiten und Ansichten gibt (siehe auch Kapitel 6) und es

---

[16] vgl. Veit Lindau, 2013. *Heirate dich selbst*. S. 89ff, Kailash Verlag

somit nur selten eindeutig ein richtig oder falsch gibt, ist es oft schwierig einzuschätzen, welcher der beste Weg ist. Nehmen wir als Beispiel meine Selbständigkeit. Sicher habe ich bei der Entscheidung das Pro und Contra betrachtet. Den festen Job zu kündigen und sich in dieses Wagnis zu begeben, war durchaus eine schwierige Entscheidung. Alles „richtig" zu machen in einer Gründungsphase ist ziemlich illusorisch. Daher konnte ich nur nach Gefühl entscheiden ohne sicher zu sein, dass es richtig sein wird. Hätte ich auf die Sicherheit gewartet, dann wäre ich wohl noch heute im Angestelltenverhältnis. Du siehst, mit der Frage nach „richtig" oder „falsch" kannst du dich stark ausbremsen. Nur etwas verändern zu wollen, wenn du dir sicher bist, es „richtig" zu machen, kann ein echter Bremsklotz werden. Es bedeutet aus meiner Sicht Stillstand. Probiere dich doch stattdessen aus. Was könnte schon passieren? Ich hatte beispielsweise Spaß an der veganen Ernährung. Eine ganze Zeit lang habe ich morgens meinen Obstsalat gegessen, viel Gemüse gekocht etc. Ich habe mich wohlgefühlt, abgenommen. Und dann ist mir aufgefallen, dass auch die Muskeln weg waren. Mir ist bewusst geworden, dass in meiner Art der Ernährung das Eiweiß fehlte, da ich viel zu wenig Hülsenfrüchte oder andere Proteinlieferanten zu mir nahm. Ich hatte mir dazu im Vorfeld keine Gedanken gemacht. Ich hatte es ausprobiert. Und als ich meinen „Fehler" bemerkt hatte, habe ich wieder nach Probierlaune etwas verändert. Und so ist das Leben ein spannender Lernprozess. Wenn du Veränderungen weniger theoretisch angehst und eher mit Freude ausprobierst, wird dein Leben bestimmt reicher an Erfahrungen und Erlebnissen.

„Wenn du ein Lächeln ernten möchtest, musst du erst eins säen" – so hat mein Liebster es auf den Punkt gebracht. Genauso ist es. Veränderungen entstehen langsam, sind zarte Pflänzchen, die gepflegt werden wollen. Wenn ich ein Lächeln, ein liebes Wort, eine freundliche Geste von mir aus gebe ohne Erwartungen, dann erhalte ich in der Regel ähnliches zurück. Oder ich habe eben Freude gegeben. Es bedarf keine direkte Gegenleistung, damit du dich dabei wohlfühlst. So kannst du Veränderungen in deinem Leben langsam säen und dich nach und nach an der Ernte erfreuen.

„Wenn die Seele bereit ist, sind es die Dinge auch."
William Shakespeare (1564-1616), engl. Dramatiker

Eine Erkenntnis finde ich auch sehr spannend. Ich brauche immer mehrere „Kontaktpunkte" mit Gedanken und Informationen, um sie für mich als hilfreich einzuordnen und sie in meinem Leben zu integrieren. So beispielsweise die Meditation. Oft davon gehört, ab und an reingeschnuppert und dann kam eine Initialzündung und ich habe sie (fast) dauerhaft in mein Leben integriert. Oder bestimmte Bücher. Neale Donald Walschs „Gespräche mit Gott" ist mir in den vergangenen Monaten immer wieder mal empfohlen worden. Bei einem letzten Treffen mit Freunden vom Spiritual Sunday (Laura Malina Scilers online Community) habe ich dieses Buch endlich als Hörbuch gekauft. Wie genial, bereichernd, bewegend. Genau passend zum damaligen Zeitpunkt. Absolut empfehlenswert, wenn du dich auch eher schwer tust mit den bestehenden Religionen und ihren Dogmen. In dem Buch wird eine ganz andere, für mich sehr stimmige und sympathische Sichtweise auf Gott beschrieben. Diese und viele weitere Ereignisse zeigen mir, dass die passenden Dinge in dein

Leben kommen, auch wenn es manchmal etwas dauert. Also lass die Veränderungen auf dich zu kommen. Manches braucht etwas Zeit, bis es uns überzeugt oder bis es in unser Leben passt. Doch offen sein für Neues, für Alternativen ist wichtig.

Besonders hilft mir beim Zulassen von Veränderungen die Vorfreude. Denn wenn ich schon vor Augen habe, wie sich mein Leben mit der Veränderung anfühlt und ich mich darauf freue, dann arbeite ich ohne Druck darauf hin. Mit Freude lässt sich viel schöner leben. Da mir Vorfreude und Dankbarkeit so wichtig sind, habe ich diesen Themen das Kapitel 15 gewidmet.

Zu Veränderungen gehören auch Entscheidungen. Du hast immer eine Wahl zwischen verschiedensten Lösungen. Welches die „richtige" ist, wird sich erst im Nachhinein herausstellen. Ich sage immer „egal wie du es machst, du macht es richtig", denn allein schon mal eigenständig eine Wahl zu treffen ist mehr, als viele Menschen bereits sind, zu tun. Eine Entscheidung zu treffen, ist wichtig. Und das lässt sich auch trainieren. Wenn du beispielsweise jemand bist, der gern seinen Partner entscheiden lässt, dann übernimm du doch mal die Verantwortung. Beginne mit der Entscheidung, was es abends zu Essen gibt oder in welches Restaurant ihr geht. Wenn du einen Partner hast, der dir immer die Entscheidungen überlässt, dann hilf auch ihm. Gib mal Verantwortung ab, lass ihn entscheiden und trag diese Entscheidung voll und ganz mit. Fatal wäre es, wenn ein wenig entscheidungsfreudiger Mensch auch noch ausgebremst wird, weil seine Entscheidung als falsch bewertet wird. Klingt alles recht banal, sind doch die alltäglichen Situationen wenig bedeutend für unsere Sicherheit oder unser Leben. Doch aus meiner Sicht ist dieses Training im alltäglichen Umfeld wichtig, um auch in bedeutenderen Situationen entschei dungswillig zu sein. Doch auch mit einiger Übung ist es häufig schwierig, zwischen Gedankenkarussell und Bauchgefühl den vermeintlich besten Weg zu entdecken.

Hierzu mag ich eine Aussage aus Neal Donald Walschs „Gespräche mit Gott"[17] zitieren: „Der erhabenste Gedanke ist immer jener, der Freude

---

[17] Neale Donald Walsch, 2018. Gespräche mit Gott Band 1. [Hörbuch], Random House Audio

in sich trägt. Die klarsten Worte sind jene, die Wahrheit enthalten. Das nobelste Gefühl ist jenes, das ihr Liebe nennt."

Für mich sind daher Freude, Wahrheit und Liebe die Parameter, die mir im Falle eines Falles helfen, eine Entscheidung zu treffen.

Veränderungen entstehen auch ungeplant. Lass deinen Geist offen, sei neugierig und hol dir Ideen. Tausch dich mit Menschen aus, lass dich inspirieren, probiere dich aus. Schau, was dein Leben bereichert und dir viele freudvolle, lebenswerte Momente verschafft. Und integriere davon so viel es geht in dein Leben. Nutze beispielsweise den Weg zur Arbeit, um ein Hörbuch, einen Ted Talk oder einen Podcast zu hören und noch mehr über die Wunder des Lebens zu erfahren. Für die bereichernden Momente im Leben sollten wir täglich etwas Zeit aufbringen. So veränderst du den Wert deiner Zeit hier auf Erden. Genieße sie. Hab Freude.

Die Steine des Lebens – Teil II

Paulas Garten des Lebens ist voller Steine und sie hat nun endlich genug davon. Sie kann kaum noch treten, Blumen und Rasen sind verdeckt, ständig stößt sie an den einen oder anderen Stein und traurige Erinnerungen steigen in ihr hoch. Die kleinen Steine der besonderen Momente und schönen Erfahrungen schienen vergraben zu sein unter den dicken, schweren Brocken, die sie an die Schattenseiten in ihrem Leben erinnern. „Ich möchte das Leiden aus meinem Garten verbannen. Ich räume jetzt auf!" sagt Paula zu sich und legt los.

Im Schweiße ihres Angesichts packt sie an und beginnt, die Steine zu sortieren. Die schönen, lebensfreudigen Steine kommen auf eine Seite. Sie sollen ihr einmal Schutz bieten und als kleines Gartenhäuschen zu ihrem Wohlfühlort werden. All die schönen Erinnerungen, die Begegnungen mit wundervollen Menschen, leckeres Essen, schöne Gespräche, lautes Lachen oder auch ein Spaziergang am Strand, werden von diesen Steinen verkörpert. Sie bilden das Gerüst der glücklichen Seite ihres Lebens. Sie sind es, die Paula zeigen, wie lebenswert ihre Zeit ist.

Beim Sortieren lächelt sie oft, taucht ein in die Vergangenheit. Die schönen Momente des Lebens werden mit dem Aufheben der Steine wieder so präsent, dass sich ein Glücksgefühl in ihr breit macht.

Autsch. Und schon stößt sie wieder mit dem Zeh an einen dicken, dunklen Felsbrocken. Schmerzhaft erinnert sie sich an den Streit mit ihrem Bruder. Sie kann sich nur noch wage erinnern, worum es ging. Irgendwas war mit seinem Auto und Paula war natürlich wieder Schuld. Ein Wort gab das nächste, beide beharrten auf ihrem Standpunkt, wollten beide Recht behalten. Der Streit wurde laut und endete mit knallenden Türen. Und einer nun schon über Jahre anhaltenden Funkstille. Zu den Geburtstagen ihrer Eltern oder anderen Familienfeiern sehen sie sich. Doch ein knappes „Hallo" ist alles, was zwischen den beiden passiert. „Dieser hässliche Stein muss weg. Er soll ganz unten liegen unter den schlechten Steinen, so dass ich diese Erinnerung vergessen werde.", ist Paulas Intention.

Als sie den nächsten großen Stein wegbringen will sticht es im Rücken. „Das war ja klar", denkt Paula sich. Denn dieser Stein erinnert sie an ihren einst besten Freund, der hinter ihrem Rücken miese Dinge über sie erzählte. Paula hatte sich damals gewundert, dass sich viele von ihr abgewendet hatten. Irgendwann bekam sie mit, dass er ihr das Messer in den Rücken stach und scheinbar eifersüchtig war auf ihre Freunde. Nun sticht es heute wieder – im Rücken und im Herzen. So blöde Erinnerungen.

So nach und nach entstehen zwei Steinhaufen. Sie sind recht unterschiedlich groß. Die dunklen, negativen Steine verbannt Paula in die hintere Ecke des Gartens. Auch wenn sie sie da noch sehen kann, so ist sie zumindest weniger eingeschränkt durch sie. So hat sie Platz in ihrem Garten, um wieder Blumen blühen und Rasen wachsen zu sehen.

Der Haufen mit den liebenswerten Steinen ist irgendwie recht klein. Die Steine sind handlich und doch so wertvoll. Paula fängt an, sie zu einer Mauer aufzuschichten. Sie sollen sich hübsch zusammen fügen, damit ihr Leben ein schönes Bild erhält. Nach und nach entsteht ein Hauch eines Gebäudes. Es fehlt noch viel, um es fertig zu stellen und zwischen den Steinen sind Löcher zu sehen. Doch immerhin, es wird. Und es ist ein positives Gefühl, sie sortiert zu haben. „So kann ich mich von dem steinernen Misthaufen abwenden und auf die schönen Steine schauen", denkt Paula. „Mit etwas Glück wird es auch in meinem Leben noch weitere schöne Momente geben, so dass ich mein Häuschen vielleicht eines Tages fertig stellen kann..."

Leichtigkeit, Lebensfreude, Abenteuer ...

12   Selbstliebe und Selbstwert

Aus meiner Sicht unerlässlich für die Erfahrung echten, dauerhaften Glücks sind eine ehrliche Selbstliebe und ein tiefes Selbstwertgefühl. Nur wer sich selbst liebt und wertschätzt, ist kraftvoll genug, um Störungen von außen gelassen hinzunehmen und gleichzeitig der Welt mit bedingungsloser Liebe und einem offenen Herzen entgegen zu treten.

Ich weiß, dass sich viele Menschen damit sehr schwer tun. Mein Dank gilt meinen Eltern, die schon von Kindheitsbeinen an diese wichtigsten Eigenschaften in mir gesät und gepflegt haben. Durch viele Begegnungen mit Menschen weiß ich, dass dies leider alles andere als selbstverständlich ist.

> *„Wenn auf der Erde die Liebe herrschte, wären alle Gesetze entbehrlich." Aristoteles (384-322), griechischer Philosoph*

Wenn du nun in diesem Kapitel einen Ratgeber erwartest, der dir den Weg zur Selbstliebe zeigt, dann werde ich dich leider enttäuschen. Tatsächlich gibt es sehr viele wertvolle Bücher, die dir auf diesem

Weg helfen können. Ein Kapitel ist für dieses besondere Thema viel zu kurz. Doch ich möchte dir einige Impulse, einige Gedankenanstöße geben, die dir deinen Wert bewusst machen. Eins meiner absoluten Lieblingsbücher in diesem Zusammenhang ist bisher „Heirate dich selbst" von Veit Lindau. Tatsächlich habe ich es verschlungen. Und ja, ich habe mich selbst geheiratet.

Veit Lindau empfiehlt in seinem Buch „Heirate dich selbst" (Kailash Verlag, 2013) ein Ritual, das deine Selbstliebe manifestiert. Ich habe mich unter sternklarem Himmel in einer Nacht mit vielen Sternschnuppen selbst geheiratet. Selbstliebe in sich zu tragen ist aus meiner Sicht der einzige Weg, bedingungslos lieben zu können und gegen die Verletzungen der Außenwelt immun zu werden.

Hilfreich ist etwas, was dich täglich an deinen Wert und deine Selbstliebe erinnert. Das kann eine Kette, ein Armband oder ein Tattoo sein. Ich habe mich für eine Kette entschieden mit einem bestimmten Symbol, das mir eine Freundin entworfen hat. Mein Kraftsymbol hat mich eine ganze Weile tagtäglich begleitet und manifestierte in mir die Selbstliebe. Damit sind weder Egoismus noch Selbstsucht gemeint. Es geht um eine ehrliche, vertrauensvolle, liebevolle Verbindung mit sich selbst. Die Akzeptanz all der persönlichen Eigenheiten, die uns besonders machen. Daraus entsteht aus meiner Erfahrung ein Nährboden, der bedingungslose, wahre Liebe anderen gegenüber erst möglich macht. Interessanterweise hat sich meine Kette im Verlaufe meiner neuen Beziehung verknotet. Das Symbol hatte

te zudem etwas an Bedeutung verloren. Ich habe es von meiner Freundin ändern lassen, um der Liebe zu mir *und* zu meinem Liebsten Raum zu geben. Gleichberechtigt, gleich bedeutend. Um mich zu erinnern, mir selbst treu zu bleiben, auch wenn ich meine Liebe einem anderen Menschen schenke. Das Symbol wartet noch darauf, einen würdigen Platz einzunehmen, doch im Herzen und im Kopf trage ich es immer bei mir.

So schwer es dir jetzt auch erscheinen mag, so sehr du auch immer mit Selbstzweifeln aufgewachsen bist, ohne Selbstliebe gibt es meiner Meinung nach kein dauerhaftes Glück. Es ist der Schlüssel für Zufriedenheit, Leichtigkeit und Lebensfreude in deinem Leben. Fang in ganz kleinen Schritten an, die Selbstliebe in dir zu platzieren. Versuch, deine Gedanken über dich selbst ins Positive zu lenken. Schau einmal, was unter den vielen Schichten der Erfahrungen, Enttäuschungen und Verletzungen verborgen liegt. Jeder Mensch ist einzigartig und etwas Besonderes. Jeder Mensch wird von dem einen oder anderen geliebt. Warum also willst du dir die eigene Liebe verwehren? Ich wünsche dir, dass du es schaffst, dir selbst am wichtigsten zu sein, ohne dabei einen ungesunden Egoismus zu entwickeln.

> *„Das, was jemand von sich selbst denkt, bestimmt sein Schicksal." Mark Twain, amerikanischer Schriftsteller (1835-1920)*

Letztendlich ist jede einzelne von uns ein Wunder der Natur. Denn dass gerade du auf dieser Welt bist, ist kein Zufall. Dein Potenzial hat sich beim wichtigsten Wettrennen des Lebens[18], als hunderte Millionen Spermien um ein Ei „gekämpft" haben, durchgesetzt. Sehr oft höre ich die Aussage „Du bist ein Geschenk für diese Welt". Anfangs konnte ich das auch kaum glauben. Doch es ist so. Jede von uns hat ihren Platz in der Welt und trägt allein durch ihr Dasein in irgendeiner Weise zum Leben bei. Jede einzelne ist eine Sensation! Klingt dir zu abgehoben? Mag sein. Doch gib diesem Gedanken etwas Zeit, lass ihn zu. Er wird vielleicht einiges in dir verändern.

Dass wir für uns selbst der wichtigste Mensch sein sollten, zeigen viele Situationen[18]. Beispielsweise eine Trennung in einer Beziehung oder auch eine beendete Freundschaft. Wir Menschen entwickeln uns stets weiter und manchmal in unterschiedliche Richtungen. Wenn wir einen anderen Menschen brauchen, um im Leben zurechtzukommen, dann kann uns dies großes Leid bescheren. Egal aus welchen Gründen Menschen unsere Seite verlassen, ob durch Trennung oder Tod oder ob wir uns aus den Augen verlieren, nur du bist diejenige, die garantiert immer bei dir

---

[18] vgl. Veit Lindau, 2016. *Seelengevögelt*, S. 146 ff, Goldmann Verlag

bleibt. Dass wir gleichzeitig Liebe geben und uns hingeben, klingt etwas paradox, funktioniert aus meiner Sicht jedoch sehr gut. Und wird sicherlich auch deutlicher im Verlaufe des Buches.

Daher ist mir eine treue und liebevolle Verbindung zu mir selbst so wichtig und wertvoll. Oft genug gab es Zeiten in meinem Leben, in denen diese Verbindung verloren ging. Warum? Es ist schwierig zu erklären. Verantwortlich dafür bin nur ich selbst, auch wenn es häufig ein schleichender Prozess während meiner Beziehungen war. Anfangs scheint meine positive, energiereiche, offene Art zu faszinieren. Man stellt sich auf einander ein und gibt etwas von sich ab, um gemeinsam ein Ganzes zu werden. Wenn die erste Verliebtheitsphase abschwächt, besinnen sich vielleicht die Partner auf andere Dinge, die ihnen gut tun, die sie zwischenzeitlich vernachlässigt haben und bauen diese wieder stärker in ihren Alltag ein. Bei mir war das eine unbewusste Entwicklung. Je länger meine Beziehungen hielten, umso mehr wurden dann Unterschiede deutlich. Meine Energie, meine Lebensfreude machte meinem Partner vielleicht Angst, den Anschluss zu verlieren und damit auch mich. Aus dem freien Glück wurde ein goldener Käfig, der mit der Zeit zu eng wurde. Dann wurde mir offensichtlich bewusst, dass ein wichtiger Teil in meinem Leben zu kurz kommt: Ich. Mein wahres lebendiges Ich. War diese Erkenntnis erst einmal da, hatten die Beziehungen dann schnell ein Ende. Wenn du das noch genauer nachvollziehen möchtest, dann schau dir mal den Songtext von ‚Prisoner in Paradise‘ von Sunrise Avenue an. Ich war erstaunt, als mich die Nachricht darin erreichte. Doch wie schon oben gesagt: Die Verantwortung dafür, wie ich mein Leben lebe und wie ich meine Prioritäten setze liegt allein bei mir.

Leider ist es bei der Selbstliebe so, dass sie zu selten in unserem Leben platziert wird. Viele Menschen wachsen schon in einem Elternhaus mit hohen Erwartungen auf. Oder mit Tragödien und wenig Liebe. Wenn wir als Kinder keine Bestätigung bekommen, dass wir beachtenswert und wertvoll sind, wird es uns im Erwachsenenleben kaum möglich sein, daran zu glauben. Ein Appell an alle Eltern oder werdenden Eltern, die dieses Buch lesen: Schenkt euren Kindern bedingungslose Liebe! Lasst sie aufwachsen mit einem großen Urvertrauen in sich selbst. Unterstützt sie in ihrer Entwicklung ohne sie zu bremsen. Erlaubt ihnen eine eigene Meinung und eigene Erfahrungen zu sammeln. Es werden sicherlich wundervolle Menschen!

> *„Sei Du selbst die Veränderung, die Du Dir wünschst für diese Welt." Mahatma Gandhi (1869-1948) u.a. ind. Widerstandskämpfer u. Revolutionär*

Dieses Zitat in unterschiedlichsten abgewandelten Formen begegnete mir in der Vergangenheit sehr häufig und es trifft so zu. Selbst im Songtext von Michael Jacksons „Man in the mirror" ist diese Botschaft enthalten. Zuerst sind die Veränderungen in dir selbst wichtig, ehe sie sich auf die Welt übertragen lassen. Nur von innen heraus können wir aus meiner Sicht glaubhaft positive Veränderungen anschieben. Unsere Ausstrahlung macht sehr viel aus und beeinflusst auch unsere Umwelt. Achte gern einmal darauf. Wie ergeht es dir beispielsweise in einer vollen Fußgängerzone? Weichst du aus oder weichen die anderen? Und versuch dieses Verhalten mal auf deine innere Stimmung zu beziehen. Mir ist es schon öfter so ergangen, dass ich in Zeiten mit weniger positiver Energie Schwierigkeiten hatte, durch die Fußgängerzone zu kommen ohne umgerannt zu werden. In positiven Zeiten mit innerem Strahlen werde ich gesehen und komme ohne Umwege durch. Auch das hängt von meiner Selbstliebe ab. Wenn ich Lächle bekomme ich ein Lächeln zurück. Das macht schon deutlich, dass Selbstliebe alles andere ist als Egoismus und dass sie mehr bewegt als nur uns selbst. Denn mit ihr geben wir gleichzeitig ganz viel. Wir bereichern unser Umfeld mit guten Gefühlen, mit Anerkennung und Wertschätzung. Wir geben die positiven Emotionen weiter, die wir selbst fühlen und das wirkt ansteckend. Umgekehrt funktioniert die Ansteckung übrigens leider auch. Das beobachte ich oft an mir selbst. Wenn ich mit negativen Menschen zusammen bin und mich in einem „Mecker-Umfeld" bewege, dann neige auch ich dazu, zu mosern und zu meckern. Alles überträgt sich, wenn wir es zulassen.

Wenn wir die Anerkennung und Wertschätzung von außen erwarten und benötigen, sind aus meiner Erfahrung Enttäuschungen leider häufig vorprogrammiert. Jede von uns nimmt Situationen und

Aussagen ganz unterschiedlich wahr (siehe auch Kapitel 6). So sind Reaktionen unserer Mitmenschen häufig anders, als wir sie erwartet hätten. Enttäuschung bedeutet auch, dass sich eine Täuschung, die durch unsere Erwartungen aufgebaut wurde, nun auflöst – oft mit schmerzhafter Erkenntnis. Natürlich freue auch ich mich über Anerkennung. Selbstverständlich sind schöne Worte auch für mich Balsam für die Seele. In Selbstliebe zu leben bedeutet jedoch, vorbehaltlos zu sein und bedingungslos ohne Erwartungen dem Leben gegenüber zu treten. Ich gebe gern ohne Erwartungen. Glücklich sein kommt von innen auch ohne Bestätigung von außen.

Nun genug mit der Theorie. Wie schaffe ich es jetzt, dass ich mich selbst lieben kann? Erlaube es dir, lass es zu und fang damit an! Bereits kleine Dinge helfen dir, Selbstliebe entstehen zu lassen. Spüre, womit du dich wohlfühlst und platziere davon mehr in deinem Leben. Du liebst es zu baden? Dann gönne dir mindestens einmal die Woche ein Bad mit viel Zeit nur für dich. Du tanzt gerne? Tanze so oft du kannst – beim Hausputz, beim Kochen, im Bad, im Keller. Du liest gerne? Nimm dir die Zeit für ein

spannendes Buch. Alles, was dir echte Freude bereitet, ist sinnvoll. Und schau auch mal genauer in den
Spiegel, finde die Dinge, die schön an dir sind. Am
Anfang ist es vielleicht nur dein Lächeln, das du
magst - dann lächle. Ich habe beispielsweise mein
eigenes Spiegelbild in meiner Pupille entdeckt. Hast
du das schon mal gesehen? Es kommt ein bisschen
auf die Lichtverhältnisse an, doch es funktioniert.
Und dann schaut dich auf einmal dein inneres Ich an.
Für mich eine berührende Erfahrung. Wenn du es
dann schaffst, dich in den Pupillen deines Liebsten
zu spiegeln oder euch beide am Spiegel in deiner
Pupille zu sehen – magisch!

Nimm dir jeden Tag einen Moment Zeit, etwas
Positives an dir zu sehen. Du könntest dir abends
mehrere Dinge, Momente oder Handlungen notieren,
die du an dir wertgeschätzt hast. Mindestens eine
Notiz jeden Tag wäre schön, drei besser und nach
oben sind dir keine Grenzen gesetzt. Was könnte das
sein? Ein paar Beispiele aus dem Alltag:

- Ich habe die Kassiererin zum Lächeln gebracht.
- Ich habe mir Zeit für mich genommen und 1 Std.
  gelesen.

- Ich habe ein neues Rezept ausprobiert und es war sehr lecker.
- Nach einem Peeling hat sich meine Haut ganz wunderbar weich angefühlt.
- Beim Spaziergang hatte ich ein großes Glücksgefühl.
- Ich bin heute Morgen aufgewacht, lebendig.

Wenn es Eigenschaften gibt, die du weniger an dir magst, dann versuche auch ihnen etwas Positives abzugewinnen. Schau, welches Bedürfnis dahinter steht. Wenn du beispielsweise genervt bist, dass du einen recht unorganisierten und chaotischen Tagesablauf hast, dann bedeutet das vielleicht, dass dir Spaß, Freude und Leichtigkeit wichtig sind. Statt dich zu stressen, mehr Geradlinigkeit in den Tag zu bekommen, könntest du im chaotischsten Moment über dich selbst lachen und dir sagen „Ah da ist sie wieder, meine kreative Tagesgestaltung". Das löst zwar keine Probleme, doch die Situation bekommt eine andere Gewichtung und vor allem bist du dir gegenüber deutlich freundlicher. Statt dich selbst zu kritisieren und zu maßregeln, erkennst du deine Eigenschaften als einen Teil von dir an. So kann ein Veränderungsprozess beginnen.

Wenn du ständig im Stress bist, weil du dich in Details verlierst, nimm es an als deinen Wunsch nach Klarheit und Verstehen. Ich persönlich bin eher jemand, der häufig an der Oberfläche bleibt (siehe Kapitel 9). Einige Freundinnen hingegen gehen ins Detail. Sie recherchieren, analysieren und vergleichen, bis sie sich ihre Meinung bilden. Das ist eine wundervolle, wenn auch häufig zeitraubende Eigenschaft. Ich bin immer wieder beeindruckt über das immense Wissen, was sie sich aufbauen. Von daher nimm auch für dich diese Eigenschaft positiv an, anstatt deine Fähigkeiten einschränken zu wollen. Damit du die Zeit dennoch im Blick hast, stell dir einen Timer, der dich daran erinnert, dass du auch noch andere Dinge vorhast.

> *„Selbsterkenntnis ist ein Abenteuer, das in unerwartete Weiten und Tiefen führt." C.G. Jung (1875-1961), schweizer Psychiater, Begründer der analytischen Psychologie*

Selbstakzeptanz ist ein wichtiger Schritt zur Selbstliebe. Schau genauer hin, wenn du negativ wertend über dich denkst. Sind es wirklich ‚schlechte‘ Eigenschaften? Wer definiert gut und schlecht, richtig und falsch? Was ist das Hilfreiche, das dahinter steckt? Versuche deine Gedanken über dich zu verändern. Lernen ist ein langer Prozess. Daher brauchen Veränderungen Zeit. Ein erstes Lernziel ist erreicht, wenn du bewusst wahrnimmst, dass du negativ über dich denkst. Erst dann kannst du anfangen, diese Gedanken zu verändern.

Wenn du Hilfe brauchst, um Selbstliebe zu etablieren, dann nutze die verschiedenen Möglichkeiten. Schau, welche Gruppen es dazu in den sozialen Medien gibt, ob es Kurse oder Seminare in deiner Nähe gibt oder vielleicht einen kompetenten Coach. Sprich mit deiner besten Freundin darüber und mit Menschen, die dich lieben. Sie werden dir sagen können, was sie an dir schätzen. Und wenn der Stein erst einmal in die geeignete Richtung rollt, dann ist die wachsende Selbstliebe unaufhaltbar. Ich wünsche dir ganz viel Freude auf diesem Weg.

Kleiner Tipp für Fortgeschrittene – und für alle anderen zum Lachen und darauf freuen…: Wenn du einen Selbstliebe-Kick brauchst, dann gehe in ein Bekleidungsgeschäft deiner Wahl. Probiere die verrücktesten Klamotten an und erfreu dich über deine Ausstrahlung und dein Aussehen. Dann häng die Sachen weg und geh mit einem super Gefühl ohne Kauf wieder raus. Mir ist das so ergangen beim Besuch bei meinem Bruder in Toronto und ich bin sehr beschwingt durch den restlichen Tag gelaufen. Übrigens funktioniert das auch mit anderen Dingen, mit Schmuck oder Brillen. Probiere Dich aus.

„Beeindrucke nicht andere, beeindrucke Dich selbst." Yogi Tea® Weisheit

Wenn du jetzt diejenige bist, die sich selbst gern hinten anstellt und lieber was für andere tut, dann nimm diesen Satz doch wie folgt für dich in Anspruch: Sei beeindruckt von dem, was du für andere tust. Du darfst dich deiner selbst lieben und deine positiven Eigenschaften anerkennen und wertschätzen. Wer außer dir hat die Fähigkeit, dein vollständiges Potenzial zu erkennen? Schau einmal genau hin.

13   Dein Perfektions-Dämon

Möchtest du gern perfekt sein? Immer dein Bestes geben und keine Fehler machen? Dann befürchte ich, wird es schwierig für dich, glücklich zu sein. Tatsächlich bin ich auch noch etwas besessen vom Perfektions-Dämon, doch es wird schwächer. Früher habe ich den Perfektionismus oft als eine typische Eigenschaft der als Jungfrau-Geborenen abgetan. Ich habe mich mit meinem Streben nach Perfektion und Fehlerlosigkeit sehr oft gestresst. 100 Prozent waren mir selten genug. Und auch heute neige ich dazu, gern mehr zu geben, als vielleicht erwartet wird.

Diese Eigenschaft möchte ich unbewertet lassen. Denn ich mag sie durchaus. Es ist für mich durchaus auch positiv, strebsam zu sein, sich einzubringen und „alles" zu geben. Doch dabei sollten wir die wesentlichen Dinge des Lebens im Blick behalten. Wenn Perfektionismus dazu führt, dass du dich oft klein machst, dass du nie mit dir zufrieden bist und ständig in allem was du tust nach vermeintlichen Fehlern suchst, dann ist diese Eigenschaft ungesund. Tatsächlich kann Perfektionismus krankhaft werden. Und damit eine Garantie für ein unzufriedenes Leben.

Warum ist Perfektion aus meiner Sicht so zweifelhaft? Weil ich überzeugt bin, dass es Perfektion unerreichbar ist. Denn wer entscheidet, was perfekt ist? Welche und wessen Werte und Kriterien werden angesetzt, um Perfektion zu bewerten? Allein beim Stichwort „bewerten" wird schon deutlich, dass Perfektion eine Illusion ist. Denn wenn etwas oder jemand bewertet wird, dann gibt es immer Aussagen über richtig und falsch. Und diese sind rein subjektiv. Jeder empfindet es anders und somit wird das, was in deinen Augen perfekt ist, von anderen als absolut unperfekt angesehen. Wer hat nun recht?

Bei einem Storytelling-Abend von Coach Carsten Thies, zu dem positiv denkende Menschen zum Austausch zusammenkamen, habe ich dazu eine schöne Geschichte von einem unbekannten Verfasser gehört. Es ging um einen Mönch, der aus 1000 Steinen eine Mauer bauen sollte, obwohl er davon wenig Ahnung hatte. Er hat möglichst akkurat gearbeitet, doch als er fertig war und die Mauer im Ganzen betrachtete, sah er zwei Steine, die schief waren. Er wollte sie wieder einreißen, doch das wurde ihm verwehrt. Als eine Zeit später ein Besucher die schöne Mauer lobte fragte der Mönch ihn, ob er denn die schrägen Steine übersehen hätte. Dieser reagierte ganz gelassen. Natürlich hatte er die zwei Steine wahrgenommen doch eben auch die 998 perfekt gemauerten, die doch viel stärker ins Auge fallen und eine viel größere Bedeutung haben.

Geht es dir auch manchmal so? Du hast eine Aufgabe erledigt, 95 Prozent sind „perfekt" und die letzten 5 Prozent wurmen und ärgern dich bis ins Mark? Genau da liegt oft unser Problem. Wir sind von Geburt an auf Leistung getrimmt, unterliegen spätestens ab der Schulzeit Bewertungen und Beurteilungen (manchmal auch schon eher, bspw. in Sportwettbewerben), wir werden verglichen und andere von außen bestimmen, wie hoch die jeweiligen Messlatten gelegt werden. In einer Leistungsgesellschaft sind Schwächen und vermeintliche Nachlässigkeiten ungern gesehen. Sie werden verdeckt und vertuscht, niemals offenbart. Doch jeder von uns hat Schwächen. Jeder von uns hat Ängste oder Defizite. Doch wir haben mindestens genauso viele Stärken und hilfreiche Eigenschaften. Manchmal kann auch eine vermeintliche Schwäche eine Stärke sein. Nehmen wir Gutmütigkeit. Wie oft hören wir, dass gutmütige Menschen nur ausgenutzt werden und es schwer haben? Doch gutmütige Menschen geben so viel. Sie lassen ihre Mitmenschen teilhaben, sie geben ohne zu fordern. Sie sind die Freunde, auf die Verlass ist. Das sind doch wunderbare Eigenschaften, oder?

Bei dem besagten Storytelling-Abend fiel noch die Aussage, dass wir wieder mehr auf die Funktionen schauen sollten, als auf das perfektionistische Ideal. Denn die Funktion der Mauer als einer Gefahrenabwehr, Sicht- oder Lärmschutz hätte sie selbst mit 100 schiefen Steinen zu 100 Prozent erfüllt. An vielen Stellen in unserem Leben sollten wir mehr auf die Funktion achten als auf die Perfektion. Es würde uns vieles erleichtern.

Ich möchte das Wort Perfektion gern gegen Vollkommenheit, Ganzheit oder auch Natürlichkeit ersetzen. Jeder von uns ist von Geburt an vollkommen und ganz, jeder auf seine individuelle Art und Weise. Natürlich lassen sich Wissen erwerben und Fertigkeiten aneignen, doch vollkommen sind wir auch so.

Wir sind lebendig, lebensfähig, fühlend, denkend, handelnd. Wenn wir uns den aktuellen Moment anschauen, dann sind wir vollkommen. Wenn wir Zukunft und Vergangenheit außer Acht lassen und nur das Hier und Jetzt betrachten, dann gibt es kein „mehr", es gibt nur das aktuelle sein. Klingt etwas schräg. Ich weiß. Doch um das zu vertiefen kann ich dir Eckhart Tolles „Jetzt!" empfehlen. Ich habe es als Hörbuch gehört und es war sehr aufschlussreich.

Wichtig ist mir, dass du genauer schaust, welche Stärken und wohltuende Eigenschaften du hast. Und dass du vermeintliche Schwächen auch einmal hinterfragst und schaust, dass sie vielleicht auch auf gewisse Weise positiven Einfluss auf dein Leben oder das anderer haben. Versuch deinem Perfektions-Dämon die Kraft zu nehmen, indem du deine liebenswerte Unperfekthit annimmst.

Ein Beispiel aus einem Seminar: Zwei Teilnehmerinnen haben es „gewagt" vor unserer Gruppe zu musizieren, sehr wohl mit der Ankündigung, dass sie alles andere als perfekt seien. Mit Gitarre und Cajon[19]

---

[19] Eine Kistentrommel aus Peru.

haben sie Lieder angestimmt, gesungen, gebebt, gefeiert. Was für eine Stimmung! Leidenschaft, die für Gänsehaut sorgte. Das Fazit einer Zuhörerin war „Perfektion kann man kaufen, Herzblut nicht". Genauso ist es. Wenn du den vermeintlichen Ansprüchen deines Perfektions-Dämons hinterher hinkst, dann lach ihm voller Herzblut und Leidenschaft ins Gesicht und freue dich über die Leichtigkeit deines Daseins. Ich bin mir ziemlich sicher, dass das deinen Dämon verblüffen, vielleicht sogar verschrecken wird.

Bei diesen perfekt-unperfekt-Theorien ist mein Anliegen, dich in eine wertschätzendere Haltung dir und anderen gegenüber zu versetzen. Mir ist es weiterhin wichtig, ins Handeln zu kommen, mein Bestes zu geben und mich einzubringen. Ich möchte keinen Stillstand kreieren oder Menschen dazu bringen, die Hände in den Schoß zu legen und die Verantwortung abzugeben. Doch alles, was wir tun, darf auch anerkannt werden. Es darf auch „genug" sein. Das ist mir wichtig. Ich möchte noch ein Beispiele erzählen. Mein Neffe hat nach einem Fußballspiel, das er haushoch verloren hat, zu seinem Papa gesagt: „Wir haben zwar verloren, doch wir haben gut gespielt." Es ist unerheblich, wer dem Anschein nach der Sieger ist. Wertvolle ist es aus meiner Sicht, die Leistung aller anzuerkennen. Wenn wir es schaffen, etwas mehr motivierendes und begeisterndes Miteinander statt leistungsorientierter Wettbewerbe in unsere Leben zu platzieren, dann würde sich die Welt positiv verändern. Lass uns damit loslegen. Und fang am besten bei dir an.

„Ein guter Mann bleibt immer Anfänger."
Valerius Martialis, römischer Dichter

Hinweis: Die Fehler in diesem Kapitel haben einen guten Grund. Ich hatte es seinerzeit kurzentschlossen fertiggestellt, um ein Manuskript an einen Verleger zu schicken. Es war spät, ich war voller Vorfreude und wollte abschicken. Kurz darauf habe ich diesen Text noch mal gelesen, Fehler bemerkt und mich geärgert. Und dann herzhaft gelacht! Denn genau darum geht es doch in diesem Kapitel! Um den Charme des Unperfekten! Daher liest du hier die unperfekte und doch auf ihre Art vollkommene Fassung. ☺

14 Fühlen, ohne Geschichten daraus zu machen

Was ist das denn schon wieder für ein Kapitel? Fühlen ohne Geschichten? Wundersame Gedankengänge der Autorin. Nun, nur allzu häufig ist es mir passiert, dass ich Gefühle mit Geschichten verbunden habe und dass die Phantasie daraus ihre eigene Wahrheit entstehen ließ. Ein Beispiel aus meiner Zeit im Arbeitsverhältnis. Nach einem Gespräch mit einer Kollegin kam ein komisches Gefühl auf, als würde sie mich als Konkurrentin sehen und vor allem meine Arbeit belächeln. In der Folge habe ich unsere Zusammenarbeit auch als Wettbewerb aufgefasst und wir sind kein Team geworden. Schade. Hätten wir darüber gesprochen, anstatt uns von Gefühlen leiten zu lassen, wäre unsere Zusammenarbeit sicherlich harmonischer und erfolgreicher gewesen. Beim „Fühlen ohne Geschichten daraus zu machen" geht es mir darum, zu spüren, lebendig und tief fühlen zu können, ohne Gefühle und Gedanken zu vermengen. Denn rasch sind Gedankenspiele da und machen aus kurzen Momenten positiver oder negativer Gefühle große Geschichten und Dramen. Unsere Phantasie ist schnell. Und unsere inneren Kritiker und Wölfe sind es auch. Daher gilt es auch hier sehr wachsam zu sein, in sich hinein zu horchen ohne dabei den klaren, neutralen Blick von außen zu verlieren.

Der „innere Kritiker" ist ein Begriff aus der Psychologie. Gemeint ist deine kritische und – auf den ersten Blick – selten wohlwollende innere Stimme, die dir ständig erzählen will, worin du schwach, dumm, fehlerhaft oder unbrauchbar bist. Erschreckenderweise geht es manchmal soweit, dass sich Menschen fragen, wieso sie überhaupt ein Recht auf Leben haben. Wie du deinen inneren Kritiker beeinflussen kannst und dass er durchaus auch hilfreich für dich ist, erfährst du in entsprechend einschlägiger Literatur oder bei Seminaren.

Wie schon in Kapitel 6 beschrieben, so gibt es viele unterschiedliche Sichtweisen und Wahrnehmungen. Das trifft sowohl auf unser Gegenüber zu als auch auf uns selbst. Kennst du das auch? An stressigen, anstrengenden Tagen reagierst du deutlich empfindlicher auf Angriffe von außen. Schnell werden Worte und Gesten missverstanden, du fühlst dich angegriffen und reagierst entsprechend gereizt. Dein Gedankenkarussell startet und brüllt dir ins Hirn: „Du bist zu blöd / hässlich / ungeschickt." „Er/sie findet dich doof / naiv / unattraktiv." Und so weiter. Die Wolfsshow beginnt, wie in der gewaltfreien Kommunikation das innere Zerfleischen allein durch unsere Gedanken genannt wird. Ausgelöst letztendlich durch Gefühle und Emotionen, die in einer bestimmten Situation entstanden sind. Im GFK Seminar gab es die Aussage „Genieß die Wolfsshow, aber glaub sie nicht". Das solltest du verinnerlichen. Beim letzten Mal, als es bei mir losging und ich es bemerkte, habe ich zum inneren Wolf gesagt „Na los, zeig es mir" – und schon war der Wolf zahn- und sprachlos ...

Wenn du es schaffst, Gefühle zu spüren, anzunehmen, ohne drum herum eine Geschichte entstehen zu lassen, wirst du nach meiner Erfahrung schnell Freiheit spüren. Natürlich ist es schön zu träumen oder zu phantasieren, so lange dies ohne Belastung oder Energieverschwendung funktioniert.

Ich hatte das Glück in den vergangenen Monaten durch eine besondere Begegnung erleben zu dürfen, wie intensiv ich spüren und fühlen darf, ohne daraus

Geschichten zu spinnen. Im Hier und Jetzt zu sein, zu lieben, zu begehren, zu trauern, zu freuen. Und im nächsten Moment loszulassen und weiter zu gehen. Wow, das ist etwas Besonderes. Es bringt Freude, Freiheit und Leichtigkeit in das Leben. Fühlen ist etwas wunderbar lebendiges, was du in jedem Moment genießen darfst. Und was du auch selbst kreieren kannst. Dadurch werden keine Probleme gelöst, doch die Wahrnehmung verändert sich. Du kannst über deine Gedanken die Gefühle erschaffen, die dir Kraft geben und dir helfen, deinen Weg zu gehen. Das klingt alles etwas wunderlich. Doch wenn du einmal erlebt hast, wie viel Energie durch schlichtes „Baden" in positiven Gefühlen frei wird, dann wirst du diese Worte nachvollziehen können.

Ein Gedanke hat mir sehr geholfen, im Falle von Zweifeln und Ängsten den Fokus in die passende Richtung zu lenken: Es gibt 1000 Gründe – und 999 davon haben nichts mit mir zu tun. Es ist meistens tatsächlich so. Erinnere dich an eine Situation, wo du dich beispielsweise geärgert hast, da eine Antwort länger auf sich warten ließ. Du hast eine Nachricht geschrieben, hast gesehen sie wurde gelesen und eine

Reaktion blieb aus. Schon ging vermutlich im Hinterkopf die Wolfsshow los. Unsere inneren Kritiker kennen tausende Gründe warum die Antwort auf sich warten lässt, die alle mit uns zu tun haben. Wir machen uns selber fertig. Traurigkeit, Frust, Ärger, Wut entstehen. Und dann macht es „Ping" und die Antwort ist da. Die Freundin war in einem Meeting, der Akku war alle oder ein Kunde kam vorbei. So viele Möglichkeiten, die eine prompte Reaktion verhinderten ohne mit uns im Zusammenhang zu stehen. Wenn dir mal so etwas wiederfährt und dein Inneres beginnt, die Wolfszähne zu fletschen, dann beruhige dich doch mal mit dem Gedanken, dass von 1000 Gründen 999 nichts mit dir zu tun haben.

> *„Unser Fühlen artet in Denken aus, und das ist unser Ende." Peter Rosegger (1843-1918), österreichischer Schriftsteller*

Gerade wenn es um Beziehungen geht neigen wir dazu, Gefühlen ganz viele Geschichten oder gar Dramen hinzuzufügen. Wir schwören uns Liebe auf Ewigkeit, anstatt den Moment zu kosten. Wir machen uns Gedanken über die Zukunft, fangen an zu hinterfragen, zu verändern, das unerreichbare Ideal zu visualisieren, anstatt im Hier und Jetzt tief und ehrlich zu fühlen. Ich bin der festen Überzeugung, dass wahre Liebe unabhängig ist von der Zeit, die sie andauert. In jedem Moment kannst du tief, innig und ehrlich lieben. Und zulassen, dass diese Liebe bleibt, auch wenn die Menschen verschiedene Wege gehen.

Da möchte ich Veit Lindau zitieren. Er postete bei Facebook ein Bild mit dem Spruch „Du kannst den anderen nur einladen, den Weg mit dir zu gehen. Die stärkste Einladung besteht darin, ihn zu lieben, wie er ist. Wenn er sich dennoch anders entscheidet, liebe ihn weiter und bleibe dir treu."[20]

Es ist für mich eine sehr wertvolle und auch erleichternde Vorstellung, dass ich Menschen in meinem Herzen weiter lieben darf, auch wenn sich unsere Wege im Leben trennen. Genau das ist für mich möglich, wenn ich fühlen kann ohne Geschichten daraus zu machen. Wenn ich loslassen kann, die Erinnerung bewahren kann, ohne dass sie die Gegenwart oder Zukunft gestaltet oder gar belastet. Wenn ich Gefühle zulasse wie Atemzüge. Sie kommen und

---

[20] https://www.facebook.com/veitlindau/

gehen, sind immer wieder da, sind lebensnotwendig und nie lebensbedrohlich. Schau einmal hin und probiere es aus. Welchen Menschen liebst du und hast sie doch aus deinem Herzen verbannt? Kannst du ihr und dir verzeihen, ihr einen Platz in deinem Herzen bieten ohne Drama? Wie fühlt sich das an? Lass es mich gern wissen.

> *„Vergebung ist ein Ausdruck des Bewusstseins."*
> *Yogi Tea® Weisheit*

15   Vorfreude und Dankbarkeit

Wenn du mich nach einem Rezept zum Glücklichsein fragst, dann ist eine ganz wichtige Zutat die Dankbarkeit. Es gibt so viele Dinge im Leben, in jedem Moment, für die wir dankbar sein können. Weder Dinge noch Handlungen noch Begegnungen sind selbstverständlich. Die Wertschätzung, die du durch Dankbarkeit dir, deinem Leben und deinem Umfeld aussprichst, ist enorm kraftvoll. Ein kleines Beispiel aus der Praxis: Sprich einmal den Kassierer im Supermarkt mit seinem Namen an und bedanke dich. Die meisten haben ein freudig überraschtes Gesicht und vergessen teilweise für einen kurzen Moment ihre Arbeit. Unbezahlbar!

Dankbarkeit war mir schon immer recht wichtig in meinem Leben. Auch das habe ich von meinen Eltern gelernt. Doch früher, bevor ich all die Erkenntnisse und Erfahrungen aus diesem Buch machen durfte, war die Dankbarkeit auch da, doch ich habe gelebt, ohne sie bewusst einzusetzen und zu zelebrieren. Das sieht heute anders aus. Ich sage mir sehr oft, für was ich dankbar bin und auch meine Mitmenschen hören häufig dieses wunderschöne Wort der Anerkennung und Wertschätzung. Abends im Bett denke ich an viele mir in dem Moment wichtige Menschen und spreche ihnen meinen Dank aus. Bewusst dankbar zu sein und Dankbarkeit in das tägliche Handeln einzubauen, hat etwas in mir verändert. Es erfüllt meine Bedürfnisse nach Fülle, Erfüllt sein, Liebe, Verbindung und Nähe. Es bleibt ein dauerhaft warmes, dankbares Gefühl in mir, als würde ich innerlich meine Seele umarmen. Vielleicht ist ja auch die Dankbarkeit ein Weg zu mehr Selbstliebe und Selbstwertschätzung? Denn sie ist ein rein positiv besetzter Begriff, der uns stärkt und uns ein wohlwollendes Gefühl von uns selbst gibt.

> *„Keine Schuld ist dringender als die, Danke zu sagen." Marcus Tullius Cicero, röm. Redner (106 v. Chr. – 43 v. Chr.)*

Parallel zur Dankbarkeit habe ich auch die Vorfreude für mich entdeckt. Kennst du das auch? Es liegt ein Wunschziel vor dir und es wirkt noch so unerreichbar? Das kann der Urlaub in drei Wochen sein, ein Wiedersehen mit dem Liebsten oder auch das Ziel, endlich regelmäßig zu meditieren. Oft habe ich mich dann selbst unter Druck gesetzt und gern eins der in diesem Buch verbotenen Wörter verwendet. Doch Druck erzeugt bekanntlich Gegendruck, auch wenn dieser sich nur im Unterbewusstsein aufbaut. Meine Theorie ist es, dass genau deswegen so viele Diätversuche oder gute Vorsätze scheitern. Weil wir uns selbst unter Druck setzen und dadurch das Unterbewusstsein in den Verteidigungsmodus übergeht. Wer lässt sich schon gerne unter Druck setzen? Es beginnt ein innerer Kampf.

Mir ging es so beim Thema Meditation. Ich wollte es gern für mich schaffen, täglich wenigstens zehn Minuten zu meditieren (siehe auch Kapitel 16). Generell wird gesagt, dass Dinge, die du neu in deinem Leben etablieren möchtest, erst nach mindestens drei Wochen greifen. Also habe ich mir gesagt „Ich freue mich darauf, wenn in drei Wochen die Meditation fest zu meinem Alltag gehört". Tatsächlich waren die drei Wochen ruckzuck um und die Meditation fest in meinen Tagesablauf integriert. Ok, zumindest so lange, bis ich meine neue Liebe gefunden hatte und somit die Zeiten neu priorisiert wurden. Doch Meditation ist und bleibt für mich ein wichtiges Medium. Und die Prioritäten habe ich wieder so verändert, dass Zeit bleibt für die tägliche Meditation. Das ist wichtig für mich, denn sie hilft mir sehr, meine innere Balance zu bewahren.

Vorfreude und Dankbarkeit sind meiner Meinung nach ganz feine und sehr kraftvolle Hilfsmittel auf dem Weg zum Glücklichsein. Sie sind tagtäglich einsetzbar, können augenscheinliche Kleinigkeiten aufwerten und den Blick auf das Positive lenken. Ein weiteres Beispiel: Im Winter war ich zum abendlichen Gassigang mit meinem Hund unterwegs. Es war dunkel, windig, kalt und der Regen traf mein Gesicht. Anfangs lief ich mit einem tiefen, hängenden Kopf und war etwas ärgerlich, weil ich bei diesem Shitwetter hier durch die Gegend lief. Dann fiel mir ein, dass zuhause das Feuer im Kamin brannte und mein gemütliches Sofa auf mich wartete. Vorfreude auf meine wohlig warme Stube machte sich breit und plötzlich lief ich erhobenen Hauptes und mit einem Lächeln durch den Regen. Was für eine Wandlung! Probiere es mal aus in Situationen, die dich ärgern. Es bewirkt wahre Wunder.

Ich bin mir sicher, dass sich in nahezu jeder Situation etwas finden lässt, wofür Dankbarkeit möglich ist. Es geht schon damit los, dass wir atmen, dass wir leben, dass wir in Frieden leben, dass wir etwas zu essen haben, ein Dach über dem Kopf. Gerade wir Menschen in der westlichen Welt leben so privilegiert in einem so großen Luxus (ja, selbst die Sozialschwachen in Deutschland haben es deutlich besser als Millionen anderer Menschen auf der Welt!), dass wir versäumen, auch für die kleinen Dinge im Leben dankbar zu sein. Wir sehen um uns herum nur Wohlstand und erkennen daher kaum noch, wie reich jeder Einzelne von uns ist. Sicherheit und Lebensqualität sind für uns normal geworden, so dass wir sie kaum noch wertschätzen. Wann hast du dich das letzte Mal über eine blühende Blume oder eine heiße Tasse Tee gefreut? Wann warst du das letzte Mal dankbar, dass die Sonne scheint und dass du gut geschlafen hast? Das Kapital und der Besitz sind unerheblich. Wirklicher Reichtum ist unkäuflich. Gesundheit und Liebe sind wesentlich. Freude am Sein bereichert jeden Tag. Wenn ich morgens das Haus verlasse und ins Büro gehe freue ich mich über die gute Luft, die zwitschernden Vögel oder auch über den Regen, der zeigt, dass ich lebendig bin. Ich bin dankbar dafür, dass ich Arbeit habe und arbeiten kann. So starte ich recht beschwingt in den Tag, was sich wunderbar anfühlt, auch wenn es den einen oder anderen immer mal verwundert.

> Dankbarkeit ist „Das Gedächtnis des Herzens."
> Jean-Baptiste Massillon (1663-1742),
> französischer Hofprediger Ludwig XIV.

Bist du bereit, dich auch über die kleinen Dinge zu freuen? Wie wäre es mit einer Strichliste der Freude? Seit ich bewusst Freude, Vorfreude und Dankbarkeit (er)lebe, denke ich so oft „ich freue mich über...", „ich freue mich auf...". Wie wunderbar wäre es, wenn du am Wochenende auf eine volle Strichliste schaust, die dir visualisiert, wie viele kleine und große freudige Momente deine Woche für dich hatte?

16   Meditation

Mein Verständnis von Meditation: Sie ist eine besondere Übung oder Praxis, um verstärkt in eine innere Balance zu kommen. Sie wird in vielen Religionen und Kulturen angewandt, um verstärkt mit dem Inneren, dem Göttlichen in Verbindung zu treten. Es gibt sehr viele verschiedene Meditationsformen. Bei einer geführten Meditation werden die Meditierenden zu verschiedenen Themen angeleitet. Das kann das Öffnen des Herzens sein, die Bearbeitung von Angst, Trauer oder auch von Zukunftsvisionen. Ein wichtiges Ziel der Meditation ist, einen ruhigeren Geist zu entwickeln und sich stärker auf das Gegenwärtige zu konzentrieren. Ganz individuell ist dabei der Bewusstseinszustand, in dem sich die Meditierenden befinden. Einige fallen vielleicht in eine Trance, andere sind wach, registrieren ihre Umwelt und haben dennoch einen ruhigen Geist. Meditation ist sehr vielseitig und wirkt vielleicht daher auf manche Menschen spirituell und schwer umzusetzen.

Meditieren war für mich früher nie ein Thema. Ich hatte andere Wege der Entspannung, dachte ich: bei den Pferden, mit dem Hund, beim Spazierenge-hen. Wozu da noch meditieren? Bei verschiedenen Seminaren, Vorträgen und Workshops zum Umgang mit Stress wurden oft Achtsamkeitsübungen und Meditationen empfohlen, teil-weise sogar mit einer Zeitvorga-be, die mindes-tens am Tag für wirkungsvolle Meditation ein-zuplanen wäre. Und das, wo meine 24 Stun-den am Tag doch ohnehin schon kürzer zu sein schienen, als bei anderen Menschen. Dazu dann unterschiedliche Meditations-Methoden, besondere Atmungstechniken, Mantras, Work-shops... ...viel zu kompliziert für mich.

Erstmals regelmäßig in die Meditation rein geschnuppert habe ich durch eine Empfehlung vom Coach Carsten Thies. Er erzählte mir im Herbst 2017 vom „Spiritual Sunday", eine Online-Meditation, zu der Laura Malina Seiler aus Berlin jeden Sonntag einlädt. Bis zu 1500 Menschen verfolgten dieses Webinar und meditierten gemeinsam. Mein erster Versuch war ein voller Erfolg. Die warme, herzliche, offene Art von Laura absolut überzeugend und mitreißend. Also habe ich einige Wochen sonntags meditiert, bis sie in die Winterpause ging. Von dieser Zwangspause erzählte ich meiner Freundin am Telefon und sie meinte nur trocken „deshalb kannst Du doch trotzdem meditieren" und hat mir die App ‚Calm' empfohlen.

Gesagt, getan. Nach ein paar kläglichen Versuchen ab und zu mal zu meditieren bin ich dieses Thema anders angegangen. Ich habe mir gesagt „ich freue mich darauf, wenn in drei Wochen die Meditation fest zu meinem Alltag gehört" und habe begonnen, jeden Morgen 10 Minuten zu meditieren. Anfangs habe ich geführte Meditationen gehört. Nach ca. vier Wochen hat mich das Gebrabbel genervt und ich bin auf einen musikalischen Timer umgestiegen. Sehr schnell habe ich die eindrucksvollen Veränderungen gespürt. Das Gedankenkarussell wurde langsamer, ruhiger. Ich konnte alles gelassener angehen ohne Gedanken und Energie für Dinge zu verschwenden, die in der Zukunft oder in der Vergangenheit lagen. Tatsächlich wurde mir nach ein paar Wochen bewusst, wie nervig und stressig Tage waren, an denen morgens die Zeit für Meditation fehlte. Und es entstanden auf einmal Ideen. Immer mal wieder im Laufe des Tages ploppte eine ganz klare Idee auf als Lösung für etwas, das mich gerade beschäftigte. Fokussierung ist nach wie vor eine Herausforderung für mich, doch die Meditation hilft mir, innerlich sortierter zu sein. Die positiven Einflüsse sind auch heute zu spüren. Ich versuche, bei Gelegenheit auch weitere Meditationen in den Tag einzubauen. Fünf Minuten in der Mittagspause, 20 Minuten am Bahnhof. Meditation, und wenn es nur diese 10 Minuten am Tag sind, ist für mich heute ein wunderbares Geschenk, einen Moment lang nur für mich da zu sein. Zwischendurch hatte ich diesen Fokus verloren und andere Prioritäten gesetzt. Diese 10

Minuten am Tag fehlten und so habe ich eine Zeit lang auf Meditation verzichtet. Was dazu führte, dass ich mich selbst unausstehlich fand. Ich war innerlich gestresst, genervt, reizbar und hatte den Gedanken, viel zu wenig zu schaffen. Glücklicherweise habe ich den Weg zurück gefunden und nehme mir nun täglich mindestens die 10 Minuten Zeit. Ich habe mir ein kleines Engelchen ans Handy gepinnt, das mich täglich erinnert, meine Meditation auch durchzuziehen. Zudem habe ich einen für ich wichtigen Satz gefunden, den ich in jede Meditation einbinde: „Möge ich in Vertrauen, Verbindung und Lebendigkeit leben." Dieses persönliche Mantra tut mir gut und so werde ich nun zusehen, dass die Mediation mich mein Leben lang begleitet.

> *„Der Weg zu allem Großen geht durch die Stille."*
> *Friedrich Nietzsche (1844-1900) deutscher Philologe*

Sehr spannend ist für mich dabei die Erfahrung, dass es funktioniert, auch ohne meditieren „zu können" oder zu lernen. Denn des Öfteren begegnen mir Menschen mit verwunderter Reaktion, dass ich noch nie an einem Meditationsseminar teilgenommen habe oder meditieren gelernt habe. Entscheidender ist aus meiner Sicht, anzufangen! Statt eine Wissenschaft aus dem Meditieren zu machen, sich an Glaubenssätzen wie „Du darfst an nichts denken" festzubeißen und stundenlang Atmen zu trainieren, ist das kontinuierliche Tun für mich die Zauberformel. Durch die geführte Meditation, die in verschiedenen Apps, CDs oder Hörbücher verfügbar ist, lernen wir schon gewisses gleichmäßiges Atmen und den Umgang mit aufkommenden Gedanken. Alles andere entwickelt sich automatisch, wenn meditieren zum täglichen Bestandteil des Lebens wird. Natürlich gibt es Verbesserungspotenzial und die Meditationsseminare haben durchaus ihre Berechtigung. Doch auf meditieren zu verzichten, weil wir noch keinem Seminar beigewohnt haben, ist für mich eine Ausrede. Es „falsch" zu machen hat in diesem Fall keinerlei negative Auswirkungen.

Es gibt eine Vielzahl verschiedener Meditationstechniken und –lehren unterschiedlichster Traditionen oder Religionen. Meditation ist ein wesentlicher Baustein in vielen Achtsamkeitsseminaren. Es lässt sich im Liegen, im Sitzen oder auch im Gehen meditieren. Nur wenige Minuten bis hin zu mehreren

Stunden kann eine Sitzung dauern. Damit es gelingt, ist die Wahl der passenden Methode aus meiner Sicht wichtig. Auch da gilt es wieder, auszuprobieren und zu schauen, welcher Weg sich für dich stimmig anfühlt.

Meine Empfehlung:

Anfangen. Ohne Druck, dafür mit viel Vorfreude auf das, was Meditation bewirken kann. Und auch ohne Stress, wenn die Stille auf sich warten lässt und Gedanken gerade mal zu stark sind. Wichtig ist es, die Gedanken wieder ziehen zu lassen. Sobald du bemerkst, dass dich ein Gedanke vom Meditieren ablenkt, verabschiede dich freundlich von ihm und lass ihn ziehen. Es gibt Tage, da erreiche ich gefühlt kaum eine Minute der Stille. Auch das ist völlig ok. Wichtig ist für mich der Moment, der ohne Ablenkung oder andere Aufgaben nur für mich da ist.

Einen wunderschönen Gedanken hatte ich, der vielleicht auch dir hilft, dich besser zu konzentrieren: die Wertschätzung des Atmens. So ein Atemzug hat nur ein ganz kurzes Leben. Und doch ist jeder einzelne für uns wahnsinnig wertvoll, lebenswichtig und bedeutend. Ohne zu atmen, ohne eine funktionierende Lunge, wären wir tot. Grund genug, während der Meditation jedem Atemzug dankbar zu sein. Wenn mein Geist unruhig ist, hilft mir dieser Gedanke, mich wieder zurück zu holen ins Hier und Jetzt.

Fang an und sei gespannt darauf, was passiert! Du darfst mir sehr gern Deine Erfahrungen mitteilen. Ich freue mich drauf.

„Das Leben ist ein Geschenk. Erlebe seine Schönheit" Yogi Tea® Weisheit

17 Wenn der negative Wortschatz verloren geht

Neulich ist mir etwas Eigenartiges passiert. Mir ist ein für mich eher negativ besetztes Wort entfallen. Es war das Wort „Komplexe". Ich war überrascht und irritiert, dass ich einen Moment lang dieses Wort in meinem Kopf suchte. Stattdessen fiel mir immer nur „Kompliment" ein. Dann habe ich mich gefreut. Tatsächlich sind die negativen Worte in meinem Wortschatz stark zurückgegangen. Da ich selbst gern in Freude lebe habe ich auch keine Lust mehr auf aggressive unschöne Gedanken oder Gespräche. Klar, ein bisschen Spaß darf sein und ab und zu ist auch mal schimpfen angesagt. Doch überwiegend möchte ich mich wohlwollend und wertschätzend ausdrücken. Das verändert die Kommunikation zwischen den Menschen. Schnell bekommen bei mir Unterhaltungen einen ganz anderen Grundton. Wenn Kritik geäußert wird, dann habe ich sofort mehrere Gedanken, wie die beschriebene Situation vielleicht auch zu erklären wäre. Beispielsweise regte sich eine Freundin auf, dass eine Verkäuferin für sie gefühlt etwas abwertend auf eine Frage reagiert hat. Vielleicht wurde die Verkäuferin in einer ähnlichen Situation schon mehrfach auf den Arm genommen? Oder hatte Kundinnen vor Ort, die nur eine super eindeutige Erklärung in Kindersprache verstanden? Ihre Erfahrungen sorgen für ihre Reaktion. Was vermeintlich persönlich klingt ist nur ein Ausdruck ihrer eigenen Erlebnisse. Manche von uns als schnippische Reaktionen empfundene Aussagen entstehen durch Überlastung oder Hilflosigkeit. Und dann ist auch unser Ego ein einflussreicher „Teilnehmer". Ob wir etwas persönlich nehmen, es positiv oder negativ bewerten, hängt auch davon ab, wie wir selbst aufgestellt sind. Mit einem soliden Selbstwertgefühl lassen sich viele Situationen objektiver betrachten. Ich wünschte mir einen Filter, der zwischen den Menschen stünde und Untertöne ausbalanciert. So würden aus meiner Sicht viele Missverständnisse, viele Streits und Ärger vermieden werden.

> *„Verbess're deine Sprache, deine Rede, damit sie nicht dein Glück verdirbt." William Shakespeare (1564-1616), englischer Dramatiker*

Ich bin überzeugt davon: Wer eher positiv spricht, wird auch sein Leben positiver gestalten. Worte sind sehr mächtig und sie verändern einiges. Diese Kraft tragen wir unbewusst in uns und häufig fehlen uns die Möglichkeiten, sie sinnvoll und fördernd einzusetzen. Worte können leider auch sehr verletzend sein und selbst liebende Menschen kehren sich dadurch voneinander ab. Wenn du es schaffst, eine positive Haltung aufzubauen und klar und wertschätzend zu kommunizieren, dann kann das auch die Menschen in deinem Umfeld verändern.

Mir ist es in den vergangenen Monaten häufiger passiert, dass ich durch meine Aussagen Menschen positiv beeinflusse. Das sind oft nur kleine Nebensätze oder Gedankenanstöße, die offensichtlich eine große Wirkung haben können. Meistens geht es dabei um Selbstliebe und Selbstannahme. Oder um die Leichtigkeit, die das Leben mit sich bringen kann. So hat beispielsweise eine Freundin mich gefragt, wie ich es geschafft hätte, abzunehmen. „Durch Luft und Selbstliebe" war meine spontane Antwort. Gelächter und Kopfschütteln hatte diese Aussage zur Folge. Doch ein paar Wochen später berichtete sie mir, dass genau diese Worte sie zum Nachdenken anregten und dass sie sich scheinbar noch nie selbst geliebt habe. Dass sie Diäten und andere Versuche unternommen hatte, um anderen zu gefallen. Eine Erkenntnis, die ihre zukünftige Haltung gegenüber sich selbst verändert hat. Solche Berichte sind wunderbar. Darüber freue ich mich und bin dankbar, dass das so funktioniert. Auch bei wildfremden Menschen ist es schön, einige positive Momente zu kreieren. Das kann ein kurzes Gespräch mit der Straßenmusikerin sein, die wunderschön „Sound of Silence" spielt. Oder ein Austausch mit Gästen am Marktplatz. Oder ein freundlicher Gruß an die Menschen, die mir entgegenkommen. Jeder Moment, der anderen ein Lächeln ins Gesicht zaubert, wirkt sich positiv aus auf das Leben. Wie ein Stein, der ins Wasser fällt und dessen Wellen sich verbreiten. Da bin ich mir ganz sicher.

> *„Es gibt viele Wege zum Glück. Einer davon ist aufhören zu jammern." Albert Einstein (1879-1955)*

Daher ist es aus meiner Sicht hilfreich, möglichst viele aggressive, negative Worte aus dem alltäglichen Sprachgebrauch und den Gedanken zu streichen.

Oder sich zumindest immer wieder daran zu erinnern, dass sich viele Dinge auch anders ausdrücken lassen. Übung macht die Meisterin. In meiner früheren Zeit konnte ich mir kaum vorstellen, dass es möglich ist, überwiegend positiv zu sprechen. Zu viele Aufreger-Themen gab es im Umfeld, die besprochen werden wollten. Es war offensichtlich erfüllend, sich über die Negativ-Momente auszutauschen. Es lässt sich ja auch so wunderbar in Rage reden. Doch angenehmer und wohltuender sind für mich die wohlwollenden, anerkennenden, verständnisvollen Gespräche. Manchmal ist es auch hilfreich, sich selbst weniger ernst zu nehmen. Natürlich darf es immer auch mal zur Sache gehen und ein Aufreger dabei sein. Doch diese Art der Gespräche mögen aus meiner Sicht nur einen kleinen Teil meiner Lebenszeit beanspruchen.

"Mache deine Worte zu einem Geschenk für andere." Yogi Tea® Weisheit

18   Und jetzt? Wie geht es weiter?

Mit diesem Kapitel kommen wir zum Ende dieses Buches. Ich danke dir, dass du bis hierhin gelesen hast. Hoffentlich waren meine Gedanken, Erlebnisse und Erfahrungen hilfreich für dich und haben positive Gefühle hinterlassen. Hoffentlich konntest du an einigen Stellen herzhaft lachen und viel positive Energie spüren. Nun habe ich überlegt, was ich dir zum Abschluss schreibe.

Wie geht es weiter? Das ist eine wichtige Frage, die nur du selbst dir beantworten kannst. Denn wenn es etwas gibt, was dich in deinem Leben stört und was du verbessern möchtest, dann liegt es allein an dir, Veränderungen herbeizuführen. Klar, je nach Umständen und Lebenssituation brauchst du vielleicht Hilfe. Das können Freunde sein oder ein Coach. Eventuell kann dir auch ein Osteopath helfen. Diese Heilkunde betrachtet den Körper ganzheitlich und aktiviert die Selbstheilungskräfte des Körpers durch Wiederherstellung von Beweglichkeit und Funktion von Körperteilen und Organen. Mir wurde schon einmal von einem Osteopathen bei einer leichten Depression geholfen. Ich kann es nur oberflächlich erklären, doch es gibt Vorgänge in unserem Gehirn, für die es gewisse Botenstoffe braucht. Fehlen diese, so kann es zu Störungen kommen und der Osteopath kann helfen, dass die Produktion dieser Stoffe wieder in Balance kommt und funktioniert. Bezgl. Ängste hatte bei mir das wingwave- Coaching einen beeindruckenden Erfolg. Es ist ein Kurzzeit-Coaching-Konzept zur Auflösung von Blockaden und Ängsten durch Erzeugen von „wachen" REM-Phasen. Die REM-Phasen sind die Schlafphasen, in denen die meisten Träume stattfinden und die durch eine schnelle Augenbewegung gekennzeichnet sind. Über das wingwave-Coaching können Ängste und Blockaden im Unterbewusstsein aufgelöst werden. Wie auch immer, wenn du Hilfe benötigst, bist du es, der sie einfordert. Niemand anderes kann und wird das für dich tun. Es ist dein Leben und deine Verantwortung!

> *„Eine Reise von tausend Meilen beginnt mit dem ersten Schritt." Laotse (vermutl. 6. Jh.v.Chr.), chinesischer Philosoph*

Was würde ich mir wünschen, wie es für dich weiter geht? Freudig, bereichernd, erfüllend, begeisternd. Ich wünsche dir, dass du deinen Lebensweg findest. Wie auch immer der Weg aussehen mag, der dein Leben lebenswerter macht. Das kann ganz unterschiedlich sein und auch das bestimmst nur du. Finde heraus, was dir wirklich guttut, was dir wichtig ist und bringe das in dein Leben ein. Habe keine Angst vor Veränderungen. Trau dich, dich auszuprobieren und mit Freude, Begeisterung und Leichtigkeit durchs Leben zu gehen. Ignoriere Stimmen von außen oder innen, die dir erzählen wollen, dass dieser Weg nur ein Schönreden wäre, weltfremd, egoistisch oder gar krankhaft. Lächle, wenn Menschen verwundert reagieren und dich als spirituell bezeichnen. Vermeide es, dich dabei unter Druck zu setzen. Niemand gibt eine Zeit vor, in der Veränderungen zu schaffen sind. Ob Veränderungen nötig sind und in welchem Umfange entscheidest allein du. Glück und Erfolg sind meines Erachtens Begriffe, die jeder Mensch für sich allein interpretiert und definiert. Während der einen Karriere wichtig ist, möchte die andere ihre Mutterrolle leben. Während die eine ihren Job an der Kasse liebt, weil sie vielen Menschen begegnet, möchte die andere lieber in einem ruhigen Archiv ihrer Arbeit nachgehen. So vielfältig und verschieden wir Menschen sind, so vielfältig sind auch unsere Vorstellungen, Wünsche und Wege. Deinen Weg zu gehen erfordert liebevolle Konsequenz, den Glauben an dich und immer wieder den Blick auf das, was in dir steckt, was für dich wichtig ist. Beginne mit kleinen Schritten auf deinen Weg in ein Leben mit mehr Leichtigkeit. Wenn dieses Buch dir dabei hilft und dich ein kleines Stück nach vorne bringt, dann hat es seinen Zweck erfüllt.

Ich wünsche dir ein glückliches Leben! Lass es auf dich zukommen!

Die Steine des Lebens – Teil III

Nun ist schon wieder eine Weile vergangen, seit Paula angefangen hatte, ihre Steine des Lebens zu sortieren. An einigen Stellen ist etwas Gras über die Steine gewachsen, doch es sind auch auf beiden Seiten neue hinzugekommen. Wirkliches Glück fehlt nach wie vor. Der steinerne Misthaufen wächst, das Schleppen der großen Steine ist anstrengend und das Häuschen zum Wohlfühlen entwickelt sich nur sehr langsam. Zu klein sind die Steine der schönen Momente. Und zu löcherig ist die Mauer.

Während sie mal wieder da sitzt und ihr Werk etwas gefrustet und genervt betrachtet, hält ein Fremder an der Gartenpforte. Er schaut ganz interessiert und fragt letztendlich, was es mit diesen vielen Steinen auf sich hat. In ihrer Verzweiflung erzählt Paula ihm ihre Geschichte und erklärt ihm auch einige Steine mit ihren Bedeutungen. Er erzählt ihr aus seinem Leben und sie höre ihm ganz gebannt zu. Er berichtet von seinen Reisen, seinen Begegnungen mit Menschen unterschiedlichster Nationen und Charaktere. Seine warme Stimme und die lebendige Art des Erzählens lassen Bilder in ihrem Kopf entstehen. Von

tanzenden Menschen in Indien in farbenfrohen Gewän-
dern. Von der sonnengegerbten Haut der Farmer in Aust-
ralien. Von bunten Hüten und fröhlichem Jauchzen beim
Pferderennen in England. Voller Begeisterung hört Paula
zu und vergisst die Zeit. Sein Leben scheint so positiv zu
sein, er hat offensichtlich keine Schattenseiten erlebt.

Ob er es in ihrem Gesicht gesehen hat oder gar Paulas
Gedanken wahrnahm, ist ungewiss. Auf jeden Fall weicht
auf einmal die Fröhlichkeit und Leichtigkeit aus seinem
Gesicht. Traurigkeit kommt auf und er spricht mit seiner
warmen Stimme weiter. Er erzählt ihr von seiner Kindheit,
als sein Vater früh verstarb und seine Mutter die Trauer
nie überwand. Er erzählt mir von durchweinten Nächten,
Streits und Alkohol. Er berichtet von seiner Frau, die zwei
Fehlgeburten hatte. Und die sich letztendlich von ihm
abwandte, weil sie ihn nicht mehr ertragen konnte. Auch
seine schwere Krankheit, die an ihm zehrt, erwähnt er.
Fast beiläufig spricht er „Mag sein, dass der Tumor mei-
nen Körper kriegt, meinen Geist bekommt er nie."

Er schüttelt kurz den Kopf, atmet tief durch, streckt
sich und wieder ist sein fröhlicher Gesichtsausdruck da.
Paula ist bewegt von dem, was sie gehört hat und ver-
wundert, wie schnell sich sein Gemütszustand wandelt.
192

Darauf spricht sie ihn an. Er lächelt wieder, dieses warme, ansteckende Lächeln. Er sagt: „Ich habe viel Freude in meinem Leben bekommen, weil ich viel Freude gegeben habe. Zuerst wird gesät, dann geerntet. Meine Freude im Leben überwiegt und müsste ich jetzt gehen, dann mit einem Lächeln und großer Dankbarkeit für meine Zeit auf Erden." Seine Stärke sei es, so sagt er ihr, dass er für die positiven Dinge im Leben die großen Steine wählt. Den negativen Erinnerungen ordnet er die kleinen Steine zu. Sie werden sehr bewusst ausgewählt, sie gehören zu seinem Leben dazu und haben ihm Wichtiges gelehrt. Entsprechend sind auch diese Steine wertvoll und besonders. Doch die tragenden Mauern seines Glücks und seines Lebens bilden die hilfreichen, die positiven Momente im Leben.

Während er spricht sortieren sie Paulas Steine um. Sie geben ihnen neue Bedeutungen, wählen die Größen und Formen ganz bewusst passend zum jeweiligen Moment. Paula ist irgendwie erleichtert, dass sie nun alle Erinnerungen behalten darf. Es gibt keinen separaten Haufen mehr. Stattdessen bilden alle Steine - große, kleine, dunkle, bunte, leichte und schwere - eine Einheit. Sie formen sich nach und nach zu einem Häuschen, das ihr Schutz und

Geborgenheit bieten wird. Die Mauern sind wunderschön, wenn auch alles andere als glatt und akkurat. Sie sind ebenso, wie Paulas Leben: bunt, abwechslungsreich mit Höhen und Tiefen und doch vollkommen.

Irgendwie schafft es der Fremde, den sie nun liebevoll als ihren ‚Patrón‘, ihren Beschützer bezeichnet, die Steine passend aufeinander zu setzen. Die löchrigen Fugen des ersten Versuchs sind verschwunden. Stattdessen werden alle Steine egal welcher Form und Größe gekonnt miteinander verbunden. Was sein Geheimnis sei, das Häuschen des Lebens so klug zu errichten, fragt Paula ihn. Er schmunzelt, zögert einen Moment. Dann spricht er leise mit seiner warmen Stimme: „Wenn du das Glück in Deinem Leben fest verankern möchtest, unumstößlich wie diese Mauern, dann braucht es Liebe, Zuversicht, Vertrauen und Dankbarkeit."

Sie sitzen noch eine Weile stumm beisammen, betrachten ihr Werk und Paula lässt seine Worte in sich nachhallen... Liebe, Zuversicht, Vertrauen, Dankbarkeit...

19   Glossar

Ein Glossar in meinem Buch? Ja. Dieses Kapitel ist mir besonders wichtig. Denn als meine Veränderungen begonnen haben, bin ich ständig über Begriffe gestolpert, die für mich unverständlich waren oder in dem Moment noch keine Bedeutung hatten. Manche klangen sehr esoterisch, wunderlich und innere Abneigung machte sich in mir breit. Daher habe ich versucht, diese für mich zu übersetzen und verständlich zu machen. Vielleicht hilft es auch dir für ein besseres Verständnis auf deinem weiteren Weg.

Achtsamkeit

Achtsamkeitsseminare gibt es noch und nöcher. Das Wort ist aus meiner Sicht etwas überstrapaziert in der heutigen gestressten Welt. Ich habe oft das Gefühl, dass Menschen Achtsamkeit als Rettungsanker in ihrem sonst so unruhigen Leben verstehen. Es gibt auch vielerlei Achtsamkeitsübungen, die durchaus hilfreich sind. Anfangs habe ich mir diesen Begriff als wachsam oder aufmerksam übersetzt. Das finde ich passend. Aus meiner Erfahrung lässt sich

Achtsamkeit nur schwer erlernen, es ist ein sich laufend entwickelnder Prozess. Je aufmerksamer wir mit uns und der Umwelt umgehen, umso achtsamer werden wir. Kleine Schritte sind hier ein Schlüssel zum Erfolg. Achtsamkeit ist aus meiner Sicht ein lebenslanges Lernen und Entwickeln. Es gibt kein Ziel, das erreicht wird, sondern der Weg in ein immer achtsameres Leben ist es, der uns erfüllen kann.

Gesetz der Anziehung

Es gilt als ein Grundprinzip des Universums. Wie oft hören wir „Gleich und Gleich gesellt sich gern"? Tatsächlich scheint es eine Kraft zu geben, die Gleiches fördert. Wenn du also im Mangel lebst und in Ängsten, dann ziehst du genau das an. Lebst du in Liebe, Dankbarkeit und einer positiven Lebenshaltung, dann werden diese Dinge dich eher in deinem Leben begleiten. Das Gesetz der Anziehung gehört zu den Lebensgesetzen, die alle miteinander verbunden sind. Wissenschaftlich sind diese Gesetze wohl unerklärbar. Doch sie funktionieren und haben einen großen Einfluss auf unser Leben, davon bin ich überzeugt.

Gott / Göttlichkeit

Ich habe schon immer geglaubt, dass es etwas außerhalb des menschlich erklärbaren gibt, das uns
steuert oder lenkt. Zufälle sind zu oft zu bedeutend,
als dass sie willkürlich passieren würden. Jedoch war
es für mich kein klassischer Glaube an einen Gott.
Die Religion ist aus meiner Sicht von den Menschen
geprägt, die sie predigen. Allzu oft werden un-
menschliche Handlungen dadurch gerechtfertigt, „im
Namen Gottes" zu handeln. Das hat in der Vergangenheit und bis heute viel Leid eingebracht. Nächs-
tenliebe, Vergebung und Liebe sind es aus meiner
Sicht, die Menschlichkeit und Göttlichkeit religions-
übergreifend ausmachen. Doch im Bereich der Persönlichkeitsentwicklung und Spiritualität wird sehr
häufig über das Göttliche in einem selbst geschrieben. Vielleicht ist es genau das: Die schöpferische
Kraft, die in uns entsteht, wenn wir an uns glauben,
dem Leben und Universum vertrauen und die Verbundenheit mit allem, was ist, erkennen. Jeder findet
dafür seine eigene Interpretation und seinen eigenen
Begriff. Gott sehe ich unabhängig jeglicher religiöser
Einstellungen. Eindrucksvoll finde ich die Göttlich-

keit oder den Gott/die Göttin, die Neal Donald Walsch in seinem Buch „Gespräche mit Gott" beschreibt. Da finde ich mich mit meinem Glauben wieder.

Innerer Kritiker

Ein Begriff aus der Psychologie. Jede von uns kennt vermutlich die innere Stimme, die uns erzählt, was wir alles besser machen könnten und wie unfähig wir sind. Doch der innere Kritiker hat durchaus auch eine Berechtigung. Er ist unser Schutzpatron, nimmt allerdings seinen Job häufig viel zu ernst. Er mag keine Veränderungen, ist skeptisch vor Neuem und hat offensichtlich Angst, dass wir abheben. Daher ist es schon wichtig, ihn mit Respekt zu behandeln und zu pflegen, er gehört schließlich zu uns. Doch wir dürfen seine Worte durchaus weniger wichtig nehmen.

> *„Die Stimme der Vernunft ist leise, doch sie ruht nicht, ehe sie sich Gehör verschafft hat." Sigmund Freud (1856 – 1939), österreichischer Neurologe und Tiefenpsychologe*

Liebe (bedingungslose)

Die Liebe ist für mich ein überlebenswichtiges Element ebenso wie Luft zum Atmen, Essen und Trinken. Dabei geht es mir um die Liebe zu allen Lebewesen. Ganz voran stelle ich mich, denn ich bin die Einzige, die garantiert immer zu mir steht und bei mir bleiben kann bis zum Lebensende. Doch auch allen Menschen um mich herum, meinem Liebsten, meiner Familie, meinen Freunden, Nachbarn, Kollegen, Menschen auf der Straße möchte ich mit Liebe begegnen. Ebenso den Lebewesen, den Tieren, der Natur. Ich denke, die Liebe hat eine wahnsinns Kraft, die die Welt zu etwas Besserem machen kann. Und Liebe stellt keine Bedingungen. Sie ist da, sie lässt sich verschenken ohne etwas zu kosten. Mit der Idee der bedingungslosen Liebe in mir wird mein Leben, jeder einzelne Tag wärmer und erfüllter. Bedingungslos bedeutet für mich, dass ich Liebe teile, ohne eine Gegenleistung zu erwarten. Dass ich annehme was ist, ohne es verändern zu wollen. Was andere darüber denken ist mir dabei herzlich egal.

„Die Liebe ist die Quelle aller Gewissheit, aller Wahrheit, aller Realität." Johann Gottlieb Fichte, (1762-1814) deutscher Philosoph

Manifestation

Auch ein Begriff, der ständig in einschlägiger Literatur rund um Persönlichkeitsentwicklung und Psychologie vorkommt. Visionen manifestieren, Gedanken manifestieren. Schauen wir nach Synonymen, so werden beispielsweise planen, zeigen, gestalten oder illustrieren genannt. Für mich ist es eine Mischung aus visualisieren, fixieren und glauben. Es ist die Verankerung einer Vision in deinem Leben. Gedanken sind stark und sie können zur Realität werden. Den Glauben an diesen Wandel von einer Vision hin zu einem Ist-Zustand beschreibt für mich das Wort Manifestation.

Spiritualität

Spiritualität ist für mich nach wie vor ein vager Begriff. Er hat etwas mit Geistlichkeit zu tun und wurde von mir früher ins Religiöse einsortiert. Der Glaube an Engel oder Kontakte ins Jenseits beispielsweise wären für mich ziemlich spirituell. Heute steht für mich Spiritualität auch für mein Inneres, für meinen Geist und gleichzeitig für das große Ganze, das Universum. Es ist eine Geisteshaltung, die offenes, freies denken und fühlen zulässt, die keine Grenzen kennt. Spiritualität ist weder von bestimmten Handlungen, wie Gebete, noch von besonderen Personen, wie Gott, Buddha oder Dalai Lama, abhängig. Sie ist da und jeder hat eine andere Interpretation davon.

Transformation

Bei diesem Begriff dachte ich früher irgendwie an Roboter, die sich verwandeln. Transformers eben. Tatsächlich verstehe ich Transformation als einen Begriff für den Wandel, die Veränderung, einen Wechsel. Im spirituellen Sinne könnte wohl der Übergang von einer Bewusstseinsstufe zur nächst höheren so bezeichnet werden. Für mich bedeutet es eine dauerhafte positive Veränderung oder Weiterentwicklung. Und eine wunderschöne Definition hat mir meine Freundin aus München geliefert: eine wundervolle, auf ein höheres Ziel gerichtete Wandlung, die etwas Ansprechendes zu etwas noch Schönerem macht. Wie die Entwicklung einer Raupe zum Schmetterling.

Transzendenz

Ein Begriff, der mir zuerst bewusst im Hörbuch von Thich Nhat Hanh (siehe Kap. 8) begegnet ist und den ich bis heute schwierig finde, zu erklären. Vermutlich liegt das an seiner Bedeutung. Ich habe ihn erst einmal recherchiert und zitiere den Duden mit zwei möglichen Definitionen: „(bildungssprachlich) jenseits der Erfahrung, des Gegenständlichen Liegendes; (Philosophie) das Überschreiten der Grenzen von Erfahrung und Bewusstsein, des Diesseits." Der Begriff Transzendenz bezeichnet demnach „etwas", das außerhalb unserer Erfahrungen und außerhalb der normalen Sinneswahrnehmungen liegt. Also nach meinem Verständnis im Prinzip alles das, was aus unerklärlichen Gründen da ist oder geschieht.

> *„Transzendenz" auf Duden online. URL: https://www.duden.de/node/767488/revisions/173 1768/view (Abrufdatum: 09.04.2019)*

Universum

Ein Mysterium für sich. Weltraum, Kosmos, Welt-
all, Unendlichkeit sind Begriffe, die Synonym verwendet werden. Das Universum ist irgendwie alles
um uns herum und alles in uns drin. Dabei bezieht es
sich auf weit mehr, als nur das Sichtbare, Erklärbare
und Greifbare. Es ist weit mehr als der Himmel und
die Sterne. Aus meiner Sicht ist das Universum eine
besondere Kraft mit eigenen Gesetzen, wir könnten
es auch als das Leben bezeichnen. Es ist das große
Ganze in uns ebenso wie alles außerhalb. Es ist für
mich die Lösung, wenn im Leben unerklärliche Dinge passieren, die so genannten „Zufälle", die doch
immer wieder alles andere als zufällig genau zum
passenden Zeitpunkt geschehen. Auch wenn ich an
die Kraft des Universums glaube und vertraue, dass
sie es gut mit jeder von uns meint, so liegt die Verantwortung für mein Leben dennoch weiterhin bei
mir. Hände in den Schoß legen und abwarten ist für
mich keine Option. Das Vertrauen ins Universum in
Kombination mit unserem Denken und Handeln
kann erstaunliches bewirken, davon bin ich überzeugt. Klingt etwas schräg? Ist es auch. Doch so lange

mir niemand das Gegenteil beweist bleibe ich erst einmal bei diesem Glauben. Er fühlt sich ehrlich an und trägt wirklich Früchte. Dafür bin ich dankbar. Jede kann ausprobieren, mit dem Universum in Kontakt zu treten und ihre eigenen Erfahrungen machen. Damit es gelingt, ist aus meiner Erfahrung wichtig, dass wir zutiefst glauben ohne Erwartungen oder Bedingungen an diesen Glauben zu knüpfen. Wiedermal eine wunderbare Widersprüchlichkeit des Lebens.

20   Literaturtipps

Ich habe in diesem Buch mein Herz sprechen lassen und berichte dir sehr persönlich von meinen individuellen Erfahrungen und Erlebnissen. Doch auf diesem Weg wurde ich inspiriert von zahlreichen grandiosen Autoren und Coaches. Sie haben meine Entwicklung erst möglich gemacht und mir zu sehr viel Verständnis verholfen. Ich würde sie gern alle noch persönlich treffen. Ist in Arbeit. ;-) Daher hier meine Literaturempfehlungen für dich. Jedes einzelne Buch ist lesens- oder hörenswert. Und jedes findet sich, wenn die Zeit dafür da ist.

HANH, Thich Nhat, 2014. *Gut sein und was der Einzelne für die Welt tun kann.* [Hörbuch] Argon Verlag, ASIN: B00IS9JIOO

HAWKEYE, Timber, 2014. *Sit Happens: Buddhismus in allen Lebenslagen.* Knaur MensSana TB, ISBN: 978-3-426-87668-8

LINDAU, Veit, 2016. *Seelengevögelt: Manifest für das Leben.* 2. Auflage, Goldmann Verlag, ISBN: 978-3-442-22187-5

LINDAU, Veit, 2013. *Heirate dich selbst*. Kailash Verlag, ISBN: 978-3-424-63073-2

LINDAU, Veit, 2014. *Liebe radikal*. Kailash Verlag, ISBN: 978-3-424-63089-3

SCHLENZIG, Tim, 2016. *Wie man die Dinge nicht mehr so persönlich nimmt* [online], mymonk.de

SINCERO, Jen, 2017. *Du bist der Hammer! Hör endlich auf, an deiner Großartigkeit zu zweifeln, und beginn ein fantastisches Leben*. [Hörbuch], Random House Audio, ISBN: 978-3-8371-3917-4

STAHL, Stefanie, 2016. *So bin ich eben! Meine persönliche Gebrauchsanweisung*. 2. Auflage, Ellert & Richter Verlag, ISBN: 978-3-831-90673-4

STRELECKY, John, 2017. *The Big five for life: Was wirklich zählt im Leben*. 20. Auflage, Erstauflage 2009, dtv Verlagsgesellschaft, ISBN: 978-3-423-34528-6

TOLLE, Eckhart, 2015. *Jetzt! Die Kraft der Gegenwart.*[Hörbuch] J. Kamphausen Verlag, ISBN: 978-3-933-49671-3

WALSCH, Neale Donald, 2018. *Gespräche mit Gott Band 1.* Random House Audio,
ISBN: 978-3-442-34720-9

WARE, Bronnie, 2015. *5 Dinge, die Sterbende am meisten bereuen.* Goldmann Verlag,
ISBN: 978-3-442-15752-5

Die Geschichte der Mönche, die eine Mauer bauen sollten (siehe S. 155) ist u.a. hier nachzulesen: https://www.neue-wege-4you.de/startseite/geschichten-weisheiten/7-die-mauer-der-1000-steine/

Für die Recherche von Zitaten verwende ich sehr gern die Internetseite www.zitate.de

Zeitfracht Medien GmbH
Ferdinand-Jühlke-Straße 7
99095 Erfurt, Deutschland
produktsicherheit@kolibri360.de